BASTEI
LÜBBE

Julia S./Franz Lerchenmüller

HOFFNUNG AM ENDE DER STRASSE

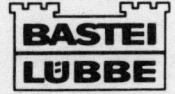

BASTEI-LÜBBE-TASCHENBUCH
Band 61395

Julia und Christian heißen Julia und Christian.
Die Namen aller anderen Beteiligten wurden geändert.

Originalausgabe
© 1997 by Bastei-Verlag Gustav H. Lübbe GmbH & Co.,
Bergisch Gladbach
Printed in Great Britain, Juli 1997
Einbandgestaltung: Manfred Peters
Titelfoto: Mechthild Op Gen Oorth
Satz: hanseatenSatz-bremen, Bremen
Druck und Bindung: Cox & Wyman Ltd., Reading
ISBN 3-404-61395-3

Inhalt

_____ **Auf der Straße** _____

25.6.

So ist es, wenn man abdreht, glaube ich. Ich sitze auf dem Betonmäuerchen hinter dem Hauptbahnhof: Ab und zu kippe ich weg. Und erst, wenn ich zusammensinke, merke ich, daß ich am Einpennen bin.

Ich fühle mich hundeelend. Ich kapiere nichts mehr. Habe keine Ahnung, was ich tun soll. Weiß nicht mal mehr, ob es zwei Tage her ist, oder drei, oder schon eine Woche, daß sie mir die Kinder weggenommen haben.

Ich kriege auch die ganzen Leute hier nicht mehr richtig mit. Manchmal turnen sie rum wie in Zeitlupe. Manchmal bewegen sie den Mund, ohne daß man eine Stimme hört. Manchmal ist es, als ob sie von allen Seiten zischeln: »Schore, Schore, Schore. Rosch, Rosch, Rosch. Valium, Valium, Valium«. Und wenn mich einer anspricht, klingt es, als ob eine Platte viel zu langsam läuft und ganz tief klingt.

Seit ich aus der Wohnung weg bin, habe ich nichts mehr gegessen. Gewaschen habe ich mich auch nicht. Wozu? Ich torkele durch Hamburg, und in meinem Kopf läuft immer wieder der Film ab. Am Anfang ist mir jedesmal der Haß hochgeschossen. Inzwischen klopft es nur noch dumpf in meinem Schädel. Ist wohl so, wenn man abdreht.

26.6.

Die ganze Nacht unterwegs. Rein in irgendeine U-Bahn oder
S-Bahn, in die Ecke gesetzt, schon bin ich weggeknackt und
habe gedöst, bis zur Endstation oder einem Umsteige-Bahn-
hof. Billstedt, Aumühle, Wedel, Neugraben – was weiß ich,
wo ich überall war. Irgendwann die letzte Bahn. Habe ein
paar Captagon eingeschmissen und bin den Rest der Nacht
durch Altona getigert, wie aufgezogen.

27.6.

Gestern nacht in einem Bushäuschen gepennt, auf der Bank
im Sitzen, in Wandsbek, glaube ich. Aber was heißt: gepennt. Rumgedämmert, bis es hell wurde. Und man zum
Bahnhof konnte. Und immer im Kopf rum, wie es war, als
sie mir die Kinder weggenommen haben.

Julia erinnert sich:

»Wie sie mir die Kinder weggenommen haben«

Ich bin gerade dabei, mir einen Kaffee zu machen, in der
Küche in meiner Wohnung in Wilhelmsburg. Es ist mor-
gens um elf, wolkig, wird wohl kein besonders schöner
Tag. Lena ist schon aus der Schule zurück und spielt im
Vorgarten. Sie hat das rote Kleid mit den weißen Herzen
an, blaue Socken und weiße Sandalen, ganz schick. Das
Fenster zum Wohnzimmer ist weit auf. Kevin, in seinen
Jeans mit den vielen Flicken und dem weißen Polohemd,

sitzt auf der Fensterbank. Er spritzt Lena mit einer Wasserpistole an. Plötzlich höre ich sie rufen: »Mama, wir kriegen Besuch!« Der Ton bedeutet nichts Gutes.

Ich gucke aus dem Küchenfenster und sehe zwei Männer auf dem Bürgersteig. Kanter und Bäcker vom Jugendamt. Was wollen die beiden denn hier? Sie haben mich schon als Kind gekannt und noch nie gemocht. Inzwischen ist längst Staffelt für mich zuständig. Sie klopfen kurz an der Tür, dann drücken sie einfach die kaputten Bretter im Rahmen zur Seite und steigen durch. Stehen in meinem Flur, und ich kann nichts dagegen machen. Sie sehen sich um, als ob sie in einem Müllsack wühlen müßten.

»Gott, wie sieht's hier denn aus?« fragt Kanter.

»Das geht Sie gar nichts an. Für mich ist Herr Staffelt zuständig, und der weiß darüber Bescheid.«

»Herr Staffelt hat Urlaub«, sagt Bäcker. »Wo sind die Kinder? Es wird höchste Zeit, daß sie aus dem Dreck rauskommen. Die Kinder kommen mit.«

Ich sage sehr laut: »Die Kinder gehen nirgendwohin mit!«

»Und ob die mitkommen!« sagt Kanter. »Seien Sie lieber vernünftig. Wenn Sie jetzt rumzicken, lassen wir sie von der Polizei rausholen.«

»Die Kinder bleiben hier!« brülle ich ihn an.

Lena hat alles mitgekriegt. Ich hör mit einem Ohr, wie sie zu Kevin sagt: »Komm, Papa ist da und holt uns ab.« Dann hebt sie ihn vom Fensterbrett in den Garten und die beiden rennen los, die Straße hinunter.

Kanter und Bäcker haben das auch gehört. Sie wollen den beiden hinterher. Aber ich stelle mich einfach in die Tür. Sie versuchen, mich wegzuziehen, aber so schnell geht das nicht. Nach ein paar Sekunden reiße ich mich los, schlüpfe zwischen den kaputten Brettern durch, lasse sie wieder zurückfallen und renne los. Den Kindern hinterher. Barfuß, wie ich bin. Sehen kann ich sie nicht. Aber ich kann mir denken, wo sie hin wollen. Kanter und Bäkker kommen nicht hinter mir her. Hätten mich auch nie eingeholt.

Zur Sicherheit mache ich ein paar Umwege durch die Gärten. Als ich auf der Harburger Chaussee rauskomme, sehe ich mich vorsichtig um. Niemand hinter mir. Auch vor dem Block, in dem Theo und Susi wohnen, ist keiner.

Ich keuche wie bescheuert, mir platzt fast die Lunge, das Herz hämmert, als ob die Brust im nächsten Moment explodieren würde. Ich gehe rein und quäle mich hoch, zum Dachboden im fünften Stock. Denke immer nur »Hoffentlich haben sie sie nicht erwischt, hoffentlich . . .«

Oben im Flur steht die Couch, und, wie ich mir gedacht habe – meine beiden sitzen dahinter. Sie haben sich da schon öfter versteckt. Kevin kuschelt sich fest an Lena. Er hat geweint. Ich nehme sie in den Arm und drücke sie ganz fest.

»Hier könnt ihr nicht bleiben, Lena«, sage ich ihnen, »ihr müßt hier weg, hier finden sie euch gleich. Versteckt euch besser drüben auf den Wiesen. Wenn die Polizei zu Theo kommt, bleibt ihr solange dort, bis sie weg ist. Ich hol euch dann später wieder ab.«

Wir gehen zusammen runter, gucken vorsichtig aus der Haustür. Nichts von den Jugendamt-Typen zu sehen.

»Und was machst du, Mama?« fragt Lena.

»Ich hol' Tanja von der Schule, dann kommen wir beide hierher und hauen alle zusammen ab.«

Lena nimmt Kevin an die Hand. Ich gebe beiden einen Kuß. Dann rennen sie los in die Felder.

Ich muß zu Tanjas Schule, wieder durch die Gärten. Ich laufe, und wenn ich nicht mehr kann, gehe ich langsamer.

Vorbei an der Polizeiwache, rein in die Schule, zum Klassenzimmer von Tanja. Ich klopfe. Frau Marquardt, die Lehrerin, kommt raus. Ich keuche, mir läuft der Schweiß runter:

»Kann ich Tanja mal sprechen, sie muß ganz dringend nach Hause kommen.«

Sie guckt mich komisch an und sagt: »Zwei Herren vom Jugendamt waren vorhin da und haben Tanja mitgenommen. Wissen Sie denn nichts davon, es war alles ganz offiziell.«

Alles umsonst, schon einkassiert, meine Große.

Ich bin fix und fertig und total kaputt von der ganzen Rennerei. Und ich spüre auch schon den Affen kommen. Ich schleppe mich die paar Straßen weiter zu Roland. Der ist Gott sei Dank zu Hause und verkauft mir vier Päckchen. Höchste Zeit. Noch auf dem Klo bei ihm mache ich mir einen Druck. Ruhe und Power kommen zurück. Ich lasse mich nicht fertigmachen. Ich lasse nicht zu, daß sie uns auseinanderreißen. So schnell geht das nicht.

Habe ich tatsächlich gedacht.

28.6.

Gestern bin ich nach Wilhelmsburg und habe Mona auf der Straße getroffen. Theo hat die Sache mit den Kindern gemanagt. Ich bin gleich zu ihm weiter. Susi macht auf, als ich klingle. Die Kids stürzen an ihr vorbei auf mich zu und schreien »Mama, Mama«, und auch Tanja ist da. Ich drücke sie und drücke und möchte sie alle drei nie mehr loslassen. Ich bin so fertig, daß ich heule. Ich kann gar nicht mehr aufhören. Kevin streichelt mich und sagt: »Nich' weinen, Mama. Wird alles gut.«

Susi erzählt mir, wie alles weitergegangen ist. Als Theo von der Arbeit nach Hause kam, sind drei Streifenwagen vor der Tür gestanden. Sechs Beamte. Einer hat gerade mit einer Flüstertüte hochgebrüllt:

»Herr Knoll, geben Sie die Kinder heraus!«

Das war was für die Nachbarn. Sie hingen in den Fenstern und haben neugierig geglotzt. Die Bullen sind mit Theo ins Haus und haben die Wohnung durchsucht. Natürlich haben sie nichts gefunden und sind wieder abgezogen. Gleich darauf haben sich meine beiden hochgetraut. Haben Susi und Theo erzählt, was am Vormittag passiert war.

Am nächsten Morgen hat Theo im Jugendamt angerufen und gesagt, daß er weiß, wo die Kinder sind. Kanter hat ins Telefon gebrüllt, er soll sie schleunigst rausrücken, bevor alles noch schlimmer wird.

Aber Theo war mal wirklich clever. Er hat eine Garantie verlangt, daß die Kinder nicht auseinandergerissen werden. Und daß sie nicht ins Heim kommen, sondern zu ihnen, alle drei.

Nach langem Hin und Her hat das Jugendamt sich darauf eingelassen. Theo ist hingefahren und hat sich das schriftlich geben lassen. Bäcker ist mit ihm zurückgekommen und hat die Kids gefragt, wo sie am liebsten wohnen wollten.

»Wir wollen zu Mama!« Klar. Aber sowas interessiert den natürlich nicht. Kevin hat ihm ganz ernst gesagt:

»Wenn Mama sich was antut, dann mach' ich dich tot, wenn ich ein großer Mann bin.«

»Und ich helf' meinem Bruder dabei«, hat Lena ihn unterstützt.

Meine Lieben. Aber sieht ganz so aus, daß sie jetzt erstmal bei den beiden bleiben müssen. Ich kann nichts dagegen machen, ich bin die Gelackmeierte.

Anschließend bin ich zum Rotenhäuser Damm. Ich wollte es nicht glauben: Meine Wohnungstür war geflickt und sah ganz dicht aus. Ich wollte rein und habe versucht, aufzuschließen. Habe probiert und probiert und den Schlüssel nicht ins Schloß gekriegt. Bis es mir gedämmert hat: Sie haben ein anderes Schloß eingebaut. Und ich habe wie ein Idiot vor meiner eigenen Wohnung gestanden, in der ich seit zwölf Jahren wohne.

Na prima. Kinder weg. Wohnung weg. Jetzt haben sie es bald geschafft. Eigentlich ist mir schon fast alles egal. Bloß schnell was herkriegen, damit der ganze Müll verschwindet.

29.6.

Roland hat mir keinen Kredit mehr gegeben. Habe mich dann einfach vor die Oper gestellt und gebettelt. Einen Plastikbecher vor mich hingehalten und auf den Boden geguckt. Viele glänzende Schuhe. Und manchmal habe ich auch einen kurzen Blick auf ein Abendkleid geworfen. »Na, wollen Sie auch in den ›Barbier von Sevilla‹?« hat ein ganz zerknitterter, weißhaariger Mann mich gefragt. »Lobenswert. Dann wollen wir doch mal was für die Kunst tun.« Und hat mir einen Zehner in die Hand gedrückt.

Die meisten sind einfach so vorbei. Als ob sie mich nicht sehen. Aber angemacht hat mich niemand. Sind sie sich wohl zu vornehm dafür. Am Ende habe ich 42 Mark gehabt.

Anfang Juli, nehme ich an.

War beim Sozialamt. Die arrogante Stolte. Sie hätten meine Wohnung leider sperren müssen, weil sie absolut unbewohnbar war. Aber sie wollten sie mir keinesfalls wegnehmen.

Ach, wie großzügig! Vor allem, weil sie genau wissen, daß sie damit nie durchkommen. Immerhin wohne ich schon zwölf Jahre darin.

Angeblich hat das Sozialamt mit der SAGA ein Abkommen getroffen: Das Amt läßt die Wohnung räumen und den ganzen Müll abtransportieren. Die SAGA renoviert hinterher alles.

Habe sie gefragt, wohin ich bis dahin soll. Da kommt die Frau mit tatsächlich mit der Nottkestraße, dieser Pennbude für obdachlose Säuferinnen. Und wenn ich das ganz und gar nicht wollte, könnte ich auch in eines der Hotels in St. Georg ziehen. Wo die Kindernutten mit ihren Freiern antanzen und sich hinterher einen anfixen, schönen Dank. Reden davon, mich von der Droge wegzuholen, und wollen mich dann in sowas reinstecken. Ist ja doch ein bißchen kraß.

»Etwas anderes können wir Ihnen im Augenblick nicht bieten«, sagt die Stolte spitz.

»Ihr tickt doch nicht richtig. Ihr habt doch alle einen an der Marmel«, habe ich sie angebrüllt und die Türe zugeknallt. Ich bin nicht gut drauf. Früher hätte ich ihr bei sowas den Schreibtisch aufgeräumt.

3.7.

Habe die Kinder besucht. Direkt vorher noch einen Druck gemacht. So war ich ganz gut drauf, als ich mit den beiden Jüngeren auf den Spielplatz in Wilhelmsburg bin. Tanja wollte nicht mit.

»Wir können jetzt erstmal nicht in die Wohnung zurück«, habe ich ihnen erklärt. »Die wird frisch renoviert, die Handwerker machen alles heil, und wir kriegen sogar eine neue Tür.«

»Kann Mubak dann nicht mehr hinein?« hat Lena gefragt.

»Nein, der kommt nicht mehr zu uns. Und die anderen auch nicht. Aber bis es soweit ist, müßt ihr noch bei Theo und Susi bleiben.«

Habe ihnen versprochen, daß wir vielleicht in zwei Wochen oder so wieder zurückkönnen. Wenn der Staffelt aus dem Urlaub wieder da ist und die SAGA fertig renoviert hat. Abends habe ich sie wieder bei Susi abgegeben. Kann sie ja nicht mitnehmen zum Bahnhof.

Bei Roland habe ich mir zwei Päckchen besorgt. Dann los in die Stadt. Irgendwie die Nacht überstehen. Oder auch nicht.

4.7.

Beim Jugendamt angerufen. Staffelt noch nicht zurück aus dem Urlaub. Ich gehe erst wieder hin, wenn er da ist. Im September. Mit den anderen Idioten rede ich nicht.

Abends war ich so fertig, daß ich mich wieder in die S-Bahn gesetzt habe. Ich wollte nur noch ausruhen, und dort fühle ich mich wenigstens einigermaßen sicher. Natürlich kommen die HVV-Kontrolleure. Natürlich habe ich keine Fahrkarte. Ausweis vorzeigen, Namen aufschreiben, der ganze übliche Mist. Sollen sie es bei den übrigen Anzeigen abheften.

6.7.

Ich komme von den Kindern. Ist schon dunkel. Vor den Büschen auf dem Spielplatz steht auf einmal einer vor mir. Kann ihn nicht erkennen. Sagt was von ›einen losmachen‹. Und packt mich am Arm.

Ich brülle »Laß mich los, du Schwein!« und haue auf ihn ein. Mit einer Plastiktüte voll Klamotten, die Susi mir mitgegeben hat. Zweimal fetze ich sie ihm ins Gesicht, dann lasse ich sie sausen und laufe los. Laufe wie verrückt, höre nicht, ob er hinter mir her ist, laufe, solang ich kann, die Harburger Chaussee hinunter. Es geht dann nicht mehr, ich merke aber, daß er nicht mehr da ist. Ich laufe weiter, als ich wieder ein bißchen Luft habe. Bis Bahnhof Veddel. fahre nach Eppendorf. Dauernd guck' ich mich um. Nichts wie weg. Bloß möglichst weit weg.

7.7.

Ich sitze in einem richtigen Zimmer mit einem richtigen Bett und einer richtigen Dusche. Wenn ich zum Fenster rausguck', sehe ich das Stadion von St. Pauli. Und dahinter den Bunkerklotz vom Heiligengeistfeld. Ein Typ, der auf dem Jungfernstieg Hinz & Kunzt verkauft, hat mir den Tip gegeben:

»Auf dem Kiez in St. Pauli gibt es so ein Haus von christlichen Schwestern. Da kann man umsonst essen. Und manchmal lassen sie einen auch übernachten.«

Bin mit der U-Bahn zur Feldstraße und dann zu Fuß weiter in die Budapester Straße. Ganz schönes Stück noch. Endlich die Nummer 23. Ein graues Eckhaus. Draußen steht ›Haus Bethlehem‹, und ein Kreuz hängt dran. Ab fünf Uhr nachmittags darf man rein. Ein paar Penner haben schon gewartet. Am Eingang hat eine Schwester jeden gefilzt.

»Was soll das denn?« habe ich einen alten Opa mit schwarzen Zähnen gefragt.

»Die kontrollieren, daß keiner was zu saufen mitbringt.« Meine Pumpe und den Löffel hat sie Gott sei Dank nicht gefunden.

Innen eine Art Tagesraum. Wir mußten die Stühle von den Tischen nehmen. Dann ist eine andere Schwester gekommen und hat sich vorne hingestellt. Alle sind aufgestanden. Sie hat ein Kreuz geschlagen, alle haben gebetet. Vaterunser, erst auf Deutsch, nur die Schwester und ein einziger Mann. Auf Polnisch haben dann alle andern mitgebetet. Alles Polen. Und haben ziemlichen Respekt vor den Nonnen gehabt.

Die stecken in einer komischen Tracht. Weiß-blau karierte Schürze, ein weißes Kopftuch und eine blaue Strickjacke. Die eine hat ein ganz rundes Gesicht mit einer dikken Brille. Die andere dunkelbraune Haut und schwarze Augen. Eine Inderin, haben die Männer erzählt. Waren beide ganz nett.

Aus einem Riesentopf haben sie Suppe in Teller ausgeteilt, dicke Gemüsesuppe mit Nudeln. Ich habe zwei Löffel gegessen, dann war ich pappsatt. Zu trinken gab's einen Schluck Wasser.

»Sagen Sie, kann ich vielleicht bei Ihnen hier übernachten? Ich weiß nicht, wohin«, habe ich die mit der Brille gefragt.

»Ich muß mit anderer Schwester reden«, hat sie gesagt. Die Männer waren schon fertig mit Essen und haben sich langsam verzogen, eine Treppe tiefer in den Keller. Nach ein paar Minuten ist sie wieder aufgetaucht.

»Sie können hier schlafen, paar Tage. Aber Sie dürfen nicht trinken bei uns. Kein Alkohol! Und dürfen Sie auch keine Drogen nehmen. Wenn Sie nehmen Drogen oder Alkohol, Sie müssen gehen.«

»Ich nehm' schon keine Drogen, keine Sorge. Ich hab' damit nichts zu tun. Und von Alkohol wird mir sowieso schlecht«, habe ich sie beruhigt.

Dann hat sie mich ins Zimmer hochgeführt. Drei Betten sind hier drin. Aber bis jetzt leer. Nachts ist es so warm, daß die Pennerinnen lieber Platte machen. Hoffe ich jedenfalls.

9.7.

Den ersten Druck des Tages habe ich mir im Gebüsch hinter dem Automuseum gemacht. Kaum zu glauben: zwischen all den Narben und Eiterbeulen auf meinem Arm doch noch ein Stück Haut, in das eine Nadel paßt. Beim Einstechen habe ich plötzlich gedacht: Der wievielte Druck meines Lebens ist das wohl? Der tausendste? Der zehntausendste? Wie oft sticht man sich eine Nadel in den Körper, im Lauf von mehr als zehn Jahren, wenn man das zwei-, drei-, viermal am Tag macht? Ich hätte mal mitzählen sollen, seit damals, als ich mir den ersten Druck gemacht habe.

»Wie ich zu meinem ersten Druck kam«

Zwölf war ich, als ich die ersten Drogen probiert habe, im Heim in Niendorf. Tip-Top-Fahrradkleber. Ich habe mich in eine Ecke gesetzt und das Zeug auf den Handflächen verrieben. Dann habe ich sie zusammengeklappt wie einen Trichter und den tollen Geruch tief durch den Mund eingesogen. Jedesmal ist im Kopf ein Hubschrauber gestartet. Er hat richtig gebrummt, erst laut, dann immer leiser, dann bin ich umgekippt. Bewußtlos. Nach einiger Zeit bin ich wieder zu mir gekommen, dann gings von neuem los: Alte Klebe von den Händen ribbeln, neue drauf, verreiben, einsaugen . . . Eine Tube hat für zweimal Schnüffeln gereicht. An manchen Tagen habe ich vier Stück verbraucht.

Auch noch in Niendorf habe ich angefangen zu saufen. Bacardi, Kaffeelikör, am liebsten dieses blaue süße Zeug, Curaçao. Bier habe ich nie gemocht.

Manchmal sind wir nachts losgezogen. Bei einem Getränkeladen, ein paar Straßen weiter, haben Flaschen hinter einem Gitter gestanden, wie in einem Schaufenster. Die Eisenstäbe haben nicht bis ganz hoch gereicht, oben war noch ein Schlitz. Wir sind aufs Dach, aber mit der Hand sind wir nicht bis an die Flaschen runter gekommen.

»Ich glaub', wir müssen uns 'ne Angel basteln« hat irgendeiner gesagt. Erst haben wir Magnete rangehängt, das hat nicht geklappt. Dann sind wir auf die Idee mit den Schlingen gekommen. Schnur an einen langen Stock, eine Schlinge vorne dran, die sich zuziehen läßt. Die haben wir von oben über eine Flasche baumeln lassen, haben langsam zugezogen und sie nach oben gezogen. Wir waren richtig aufgeregt, weil's geklappt hat. »Paß doch auf, daß sie nicht rausrutscht und runterknallt!« Hat prima funktioniert: Whisky, Rum, Eierlikör haben wir raus. Jede Menge Schnaps – nur für die Cola dazu haben wir kein Geld gehabt. Dann haben wir durchgemacht, die ganze Nacht. Und am nächsten Morgen gleich wieder die Flasche an den Hals. Irgendwann habe ich es gehaßt.

Die Erzieher hatten Angst vor uns. Wenn wir ihnen mit ein paar Leuten gedroht haben, haben sie sich in ihrem Dienstzimmer eingeschlossen. Nach einer halben Stunde hat dann einer rausgeguckt: »So, was ist denn nun? Seid ihr wieder vernünftig, oder müssen wir die Polizei rufen?« Wenn wir auf sie zu sind und sie gescheucht haben, »Schtschtschtt!«, haben sie die Tür schnell wieder zugezogen. Bis die Polizei da war, waren wir längst über alle Berge.

Ich war als Kind immer mit Älteren zusammen und habe alles von denen sehr früh gelernt.

»Willst du auch mal eine quarzen, Julia?« Da war ich sieben. Dann später, in Niendorf:

»Möchtest du mal mit mir kiffen, Julia?« In der Nähe gab es einen Reitstall. Das Mädchen, das auf die Pferde aufgepaßt hat, war eine halbe Indianerin. Sie hat mit mir den ersten Joint geraucht. Aber wahrscheinlich habe ich zuviel erwischt:

»Mir ist so elend, Birgit. Ich muß kotzen, und ich will sterben.«

Beim zweitenmal hat's geklappt. Wir haben auf der Wiese hinter der Scheune gesessen, ich habe angefangen zu lachen und lachen und konnte überhaupt nicht mehr aufhören. Ich habe die Wolken furchtbar lustig gefunden, wie sie über den Himmel gerast sind. Das Pferdegewieher ist mir komisch vorgekommen, und als ich den Kopf auf den Boden gelegt habe, hörte ich irgendwelche Käfer und Heuschrecken knispern. Das war noch viel witziger als alles andere. Ich habe mich ewig nicht mehr eingekriegt.

Meistens habe ich Hasch mit anderen zusammen geraucht. Einige Zeit später, als ich schon in einem anderen Heim in Schwanenwik war, hat ein Typ, Tommie, öfter einen Joint für mich gebaut.

»Brauchst du doch nicht bezahlen. Ich mag dich«, hat er gesagt. Einmal hat er dann ein bißchen Heroin reingemischt. Erst habe ich gekotzt, beim nächstenmal hat es gewirkt. Mein Cousin ist zufällig vorbeigekommen, Tommie war gerade weg.

»Ich bin so tierisch breit. Was ist das nur für ein irres Dope?« habe ich zu ihm gesagt. Mein Cousin war schon süchtig. Er hat mir genau in die Augen geschaut und den Kopf geschüttelt:

»Mensch, sag mal, du hast was genommen. Du hast doch ganz andere Pupillen! Von wem hast du das?« Ein paar Tage später habe ich ihm Tommie gezeigt. Er hat ihn halb totgeschlagen. Aber ich war schon auf den Geschmack gekommen.

Wenn ich irgendwo Heroin mitrauchen konnte, habe ich es gemacht. Ab und zu habe ich auch eine Nase gezogen. Aber ich habe es noch nicht gebraucht. Wenn man das Zeug nur raucht, dauert es eine ganze Weile, bis man süchtig wird. Als Dirk Jensen, meine erste Liebe, aus dem Knast kam, habe ich mit all dem aufgehört. Er fand Rauschgift bescheuert. Und ich wollte nicht, daß er was davon erfährt.

Ein paar Jahre später habe ich wieder angefangen zu rauchen, und dann bald regelmäßig. 19 war ich da, und habe schon in der Wohnung am Rotenhäuser Damm gelebt. Irgendwann habe ich Maren besucht, meine Schwester. Ich hatte den ganzen Tag nichts gehabt und habe gemerkt, wie ich langsam affig wurde.

»Sag mal, habt ihr nicht was da?« Ein Musiker war gerade zu Besuch.

»Was soll denn das Gequalme, Mädchen? Das ist ja die reine Verschwendung. Entweder du machst es gleich richtig oder du läßt es!« Dann hat er mir ein Päckchen aufgekocht, eine Spritze aufgezogen und gezeigt, wie's geht.

Sofort ist es mir voll gekommen. Wie ein Schlag ins Hirn. Wahnsinn. Als ob eine Feuerwalze in einer Sekunde durch meinen Körper fährt, und eine eisige Welle im gleichen Augenblick. Als ob alles in mir explodiert und im nächsten Augenblick neu geboren wird. Als ob ich im Weltall draußen bin und – egal, wie man es zu erklären versucht: Es ist immer nur ein kleiner Teil davon. Alles kann man nicht beschreiben.

In der ersten Zeit habe ich nicht viel gebraucht, um angetörnt zu sein. Ein oder zwei Zehntel haben schon genügt. Damals war das Zeug in Hamburg noch wahnsinnig teuer: ein Gramm hat manchmal 400 Mark gekostet. Aber dafür war es auch echtes Heroin, ganz rein, nicht mit irgendwas gestrecktes Zeug wie heute meist. Ich habe mir regelmäßig meinen Druck gesetzt. Bald schon drei am Tag. Zu drei Zehntel. Bis meine Periode ausgeblieben ist.

12.7.

Pech. Mein Einkaufsbummel war leider ein Flop. Ich habe bei Peek und Cloppenburg in einer Kabine eine geile Jakke anprobiert. Rehbraunes Velourleder mit rot-grünen Stickereien auf dem Kragen. 899 Mark. 150 würde Curio dafür sicher springen lassen.

Ich ziehe also meinen grünen Schlabberpulli darüber und will gerade unschuldig zur Rolltreppe spazieren, da steht der Typ plötzlich neben mir. Grauer Regenmantel, Brille, weiße Bürstenhaare. Ich soll in sein Büro kommen. Ich fahre ihn an, daß er mich in Ruhe lassen soll, alter Wichser, der kann sich selbst einen runterholen, und versuche, davonzuflutschen. Aber er packt mich am Arm und schiebt mich nach hinten.

Eine Tussi mit einer hochtoupierten blonden Mähne wie Barbie glotzt wie ein Stockfisch und kriegt den Mund nicht mehr zu. Im Büro ist der Typ ganz höflich. Er telefoniert nach dem Abteilungsleiter. Der kommt gleich, ein junger gelackter Typ wie aus dem Katalog, und meint, ich soll den Pullover ausziehen. Keine Chance für mich, also tue ich ihm den Gefallen. Dann das Übliche. Er ruft die Bullen. Ich muß mit zur Wache. Personalien. Protokoll. Ein Jahr Hausverbot für Peek und Cloppenburg. Wenn ich in irgendeiner Filiale von ihnen in Deutschland erwischt werde, gilt das als Hausfriedensbruch. Und ich kriege eine Anzeige.

Langsam gibt es in der Innenstadt nicht mehr viele Läden, in die sie mich noch reinlassen.

Ich merke, ich habe zur Zeit gar nicht die Nerven, groß was abzugreifen. Meine Hände flattern, ich sehe überall Gespenster, und meistens lassen die Verkäuferinnen mich keinen Augenblick mehr aus den Augen, wenn ich in einem Laden bei den Klamotten rumwühle. Man sieht mir an, daß es mir nicht so toll geht. Aber ich brauche die Kohle dringend. Es kotzt mich alles unendlich an. Ich halte diese ganze Scheiße nur aus, wenn ich breit bin.

14.7.

Pumpentausch am Drob-Bus vor dem DGB-Haus. War an der Zeit. Das Ding war so stumpf daß es eine richtige Quälerei war, wenn ich es mir in den Arm gekloppt habe. Abends in meiner Krippe in Bethlehem in aller Ruhe einen schönen Druck gemacht.

15.7.

Manchmal plötzlich Panik. Schon um vier nach St. Pauli geflüchtet. Ich habe mich immer wieder umgeguckt, ob irgend jemand hinter mir her ist. In Bethlehem bin ich sicher, habe ich gedacht. Von wegen. In Bethlehem hat eine saubere Überraschung auf mich gewartet.

Die Schwestern haben tagsüber meine Sachen durchsucht. Haben die Pumpe und den Löffel und die Schore gefunden.

»Du kennst Vorschrift, Julia«, hat die mit der Brille gesagt. Und dabei gekocht vor Wut. »Du hast gelogen. Mach so: Du wirfst weg. Alles, jetzt gleich. Und kannst hierbleiben.«

Ich habe versucht, ihr beizubiegen, daß ich den Stoff brauche. Und daß ich kaputtgehe, wenn ich mir keinen Druck machen kann. Hat sie nicht geschnallt. Hat gemeint, ich gehe eher kaputt, wenn ich weiter drücke. Sie ist dabei geblieben, daß ich rausmuß. Und hat am Schluß gesagt, daß sie für mich beten.

Wie niedlich! Beten! Was stellen die sich vor? Davon werde ich meinen Affen nicht los. Ich habe meine Sachen zusammengepackt und bin auf die Straße. Mir doch egal.

17.7.

Am Hauptbahnhof rumgehangen. Ein schmieriger Typ mit fettigen Haaren und Schuppen auf dem blauen Jackett labert mich an. Wieviel ich haben will?

Er soll sich verpissen, habe ich ihn angeschnauzt.

Ich soll mich nicht so anstellen. Ihm dann wenigstens einen blasen.

Soll bloß zusehen, daß er den Abgang macht, der Alte. Und mir in Zukunft aus den Augen bleibt. Sonst piss' ich ihn weg. Dickes, widerwärtiges Schwein.

19.7.

Heute mittag bin ich auf den Jungfernstieg zum Betteln. Der größte Laden ist das Alsterhaus, da kommen alle Leute irgendwann vorbei. Ich habe mich hingesetzt, neben der großen Drehtür, vor einen Steinpfeiler, der zur Dresdner Bank daneben gehört. Habe einen Plastikbecher vor mich hingestellt, den Kopf sinken lassen und bin weggedämmert. Von unten war es ein bißchen kühl, aber das habe ich bald nicht mehr gemerkt. Ich habe schon die ganzen Tage einen Schleier vor den Augen und fühle mich beschissen, echt beschissen. Wenn es im Becher klackte, weil jemand was reingeschmissen hat, habe ich hochgeschaut und ihn angesehen. Wenn er weitergegangen war, habe ich das Geld rausgenommen.

Ist ganz gut gelaufen. Viel besser, als wenn man auf der Straße die Leute um 'ne Mark anhaut, weil man dringend Stoff braucht.

57 Mark habe ich am Abend zusammengehabt.

20.7.

In der Langen Reihe hat mich ein Typ angehauen. Ich kenne ihn vom Sehen, er heißt Stefan oder so. Hat eine Pfeife Hasch mit mir geteilt und gefragt, warum ich aussehe wie dreimal ausgekotzt. Ich habe ihm erzählt, daß ich keinen Platz zum Schlafen habe und deshalb nachts rumziehe.

»Mensch, ich kann das nicht mitansehen. Weißt du, du kannst bei mir pennen. Wenigstens für ein paar Nächte, bis du wieder einigermaßen auf den Beinen bist. Ich hab' genug Platz. Und ich lass' dich auch in Frieden, mach dir da mal keine Gedanken.«

Er hat einen ganz netten Eindruck gemacht, unter all den Zombies, die am Hansaplatz so rumsitzen. Weit war's auch nicht bis zu ihm, in ein muffiges Zimmer in der Lübecker Straße. Auf dem Boden leere Jever-Dosen und ein

Stück Pizza mit grauen Schimmelflecken. Auch nur eine Matratze.

»Die kannst du nehmen«, sagt er. »Mach es dir gemütlich. Ich leg' mich auf den Boden. Auf meinem Mantel kann man ganz gut schlafen. Vorher trink' ich noch ein Bier, dann hab' ich keine Probleme mit dem Einschlafen.«

Mir war alles egal. Ich habe mich hingehauen, in Klamotten, es war so gut, mich mal wieder richtig auszustrekken, mir tat jeder Knochen weh. Dann war ich weg.

Aufgewacht bin ich, weil der Typ ganz dicht neben mir lag. Hat mir seinen Biergestank ins Gesicht geblasen und versucht, an mir rumzufummeln. Ich bin hoch wie gestochen und habe ihn angeschrien:

»Laß deine ekligen Pfoten von mir, du Arschloch!« Dann habe ich meine Jacke geschnappt und meine Schuhe und bin in der Dunkelheit die Treppe runtergepoltert und auf die Straße raus.

Gott sei Dank wird es jetzt nachts nicht so richtig kalt. Nur gegen Morgen fängt man so an zu zittern, daß man nicht mehr weiterpennen kann. Ist egal. Meistens bin ich so breit, daß ich nicht viel davon mitkriege, wie es mir in Wirklichkeit geht. Ohne Rosch und Mandrax und Medinol wüßte ich sowieso nicht, wie ich das überleben sollte.

21.7.

Ich kann es im Schlaf. Und manchmal mache ich es auch wie im Schlaf: Löffel hingestellt, Schore drauf, ein paar Krümel Asco dazu, das Ganze mit dem Kolben der Pumpe kleingestampft. Dann das Wasser rein und alles auf dem Feuerzeug aufgekocht. Bis es blubbert. Einen Zigarettenfilter auf die Brühe, die Nadelspitze auf den Filter und das ganze Gift durch den Filter aufgezogen. Pumpe voll. Hose runter. Pumpe leer. Affe tot.

»Wie ich meinen ersten Affen geschoben habe«

Als meine Periode ausgeblieben ist, bin ich zum Arzt. Die Urinprobe hat erst nichts ergeben.

»Das kann überhaupt nicht sein, die muß mindestens im vierten Monat schwanger sein«, hat Dr. Zotte bei der Untersuchung rumgebrüllt. Er hat das Ultraschallgerät genommen. »Hier, hört euch das an: Man hört sogar schon Herztöne!«

Ich habe gesagt, ich muß dringend mit ihm reden.

»Sie wissen ja, daß ich drücke. Sie haben es an meinen Armen gesehen. Meinen Sie nicht, daß es besser ist, wenn ich das Kind wegmachen lasse?« Aber Dr. Zotte ist wirklich ein toller Arzt:

»Weißt du. Julia, ich kenne dich schon so lange. Ich bin ziemlich sicher, daß es dir auf jeden Fall schlechter geht, wenn du das Kind abtreibst, als wenn du es austrägst. Mit dem Fixen solltest du allerdings sofort aufhören, wenn dir dein Kind wichtig ist. Mach Schluß, wenn du es irgendwie schaffen kannst! Rauch halt Hasch, um einigermaßen drüberwegzukommen!« Er hat mir Valium verschrieben, damit es leichter wird.

Und dann habe ich den ersten Affen meines Lebens geschoben. Entzug ist das Schlimmste, was es überhaupt gibt. Ich habe Magenkrämpfe gekriegt. Ich habe gefroren bis ins Herz. Meine Zähne haben geklappert, mein ganzer Körper hat gezittert, ich habe gewußt, ich werde nie im Leben wieder warm werden. Arme und Beine haben angefangen zu kribbeln, als ob Tausende von Ameisen rein- und rausmarschieren. Ständig mußte ich sie ausstrecken, an jeder einzelnen Stelle meines Körpers war Unruhe. Wenn ich die Beine gereckt habe, hat es in den Knochen gerissen, als ob ich auseinandergezerrt würde. Also habe ich sie wieder hochgezogen. Auf und nieder, alles war falsch, und alles hat so weh getan. Ich habe mich angezogen und gleich darauf die Klamotten wieder runtergerissen. Ich habe mich hin- und hergeschmissen, von einer Seite zur anderen, es ist nicht weggegangen, es ist immer schlimmer geworden. Ich habe versucht, mich winzig klein zu machen. Ich habe mich zusammengepreßt und wollte in mich selbst hineinkriechen und gar nicht mehr dasein. Aber die Schmerzen haben mich wieder rausgeholt und jede Sekunde daran erinnert, was mir fehlt. Ich bin am Boden rumgekrochen, ich habe rumgeheult, mir war sterbeelend, ich habe mich bekotzt, bepißt und vollgeschissen. Ekliger Durchfall. Es hört nie mehr auf, habe ich gedacht. Am dritten Tag war es am schlimmsten, ich habe überhaupt nicht mehr gewußt, in welche Ecke ich mich kauern sollte, wo ich reinkriechen könnte, nur um nicht mehr dazusein und das alles mitzumachen. Über eine Woche habe ich nicht geschlafen, bin immer nur kurz eingedöst, wieder hochgeschreckt. Nach zwei Wochen war es vorbei. Ich war wieder halbwegs normal.

Während der ganzen Zeit habe ich mich auch noch um Tanja gekümmert. Sie hat wohl nicht mitgekriegt, wie es mir ging. Aber dann war ich durch. Und Lena ist zur Welt gekommen. Eine Zangengeburt, und mein Damm ist dabei gerissen, aber Lena war gesund. So gesund, daß sie schon geschrien hat, als sie mit den Füßen noch in mir drin war. Sie war quietschfidel, ihre Agrarwerte waren toll, und ich habe ihr die Brust gegeben, bis sie drei war. Drei Jahre, in denen ich nicht gedrückt hab.

An einem späten Vormittag sind Moses und Roger vorbeigekommen, zwei alte Kumpel. Moses hat Stoff bei sich gehabt, wollte einen rauchen und hat gesagt, er würde einen ausgeben. Ich habe abgelehnt:

»Für mich nicht, Moses, ich bin jetzt schon so lange clean, ich will nicht wieder reinkommen.«

»Was für ein Quatsch«, sagt er, »du bist doch vollkommen runter. Drei Jahre ohne, da bist du längst drüber weg.«

»Ne, ich glaub' nicht. Ich kenn' mich. Ich fürchte, bei mir geht das ganz schnell. Ich will das lieber nicht riskieren.«

»Ach was. Wenn du nur rauchst, gibt's überhaupt kein Risiko. Du merkst doch selbst, daß dir nichts mehr passieren kann!«

»Also ich weiß nicht. Glaubst du wirklich? Meinst du das im Ernst? Wenn ich sicher sein könnte, daß ich nicht gleich wieder anfange, richtig anfange, mein' ich . . . Lust hätt' ich schon, ehrlich gesagt.«

»Sag mal, glaubst du, wir wollen, daß du wieder voll draufkommst? Wo du es doch schon soweit geschafft hast. Gönn dir einfach mal 'ne Erinnerung an früher. Morgen hast du es vergessen!«

Ich habe es geglaubt, weil ich es glauben wollte. Am nächsten Tag sind sie nochmal vorbeigekommen. Und nach drei Tagen war ich wieder voll drauf.

Als ich später mit Kevin schwanger war, war der Affe nicht so schrecklich, obwohl er normalerweise von Mal zu Mal doller wird. Wieder habe ich ausgesetzt. Als Kevin eineinhalb war, wieder angefangen. Ich habe ihn gestillt, bis er vier war. Habe eine Wahnsinnsangst gehabt, daß er auch süchtig wird. Aber ich konnte nicht aufhören, konnte es einfach nicht. Gott sei Dank ist alles gutgegangen. Er hat keinen Affen gekriegt, als ich ihn entwöhnt habe.

Seitdem drücke ich ohne Pause: Heroin, Koks, Rosch, O – alles habe ich mir reingejagt und reingezogen, nur Crack bisher noch nicht. Zwei Gramm Heroin brauche ich am

Tag, und mehr, wenn es mir richtig gutgehen soll. Zwischen 200 und 300 Mark, je nachdem, wie die Preise gerade stehen. Notfalls komme ich auch mit weniger aus. Ich merke dann zwar nicht viel, aber der Affe ist wenigstens weg. Und das ist das wichtigste.

Irgendwann, als meine Arme so kaputt waren, daß ich keinen heilen Fleck mehr für die Nadel gefunden habe, habe ich mir in die Leiste geballert. Und ein paarmal wohl daneben. Es hat sich alles entzündet, ich habe zwischen Schenkel und Bauch eine faustdicke Beule bekommen und konnt überhaupt nicht mehr gehen. In einer Unterhose bin ich in der Wohnung rumgekrochen. Tanja hat die Beule gesehen.

»Mama, mach dir das Ding auf! Du verlierst am Ende sonst dein Bein.« Ich habe geweint:

»Ich kann nicht, Tanny, ich kann nicht. Das tut so weh.«

Sie hat vor mir gesessen, hat mich angesehen und auf einmal von irgendwas ganz anderem geredet. Plötzlich hat sie meine Knie gepackt und mit aller Kraft zusammengepreßt. Ein glühender Stich ist durch mich hindurchgejagt, die Beule ist geplatzt, der Eiter rausgespritzt, ein ekliger Gestank im ganzen Zimmer. Alles ist rausgeflossen, dicker, schleimiger gelb-grauer Eiter. Ich habe geweint vor Schmerzen, aber gleich darauf war es eine richtige Erleichterung.

Tanja hat mich in den Arm genommen, ich habe sie gestreichelt.

»Danke, Schatz, danke. Allein hätt' ich das nie geschafft.« Dann hat sie mir einen Lappen gebracht und wir haben den Dreck zusammen abgewischt.

Für die Kinder war die Zeit nicht immer so toll. Wenn ich kein Geld mehr gehabt habe, mußte ich in die Stadt, irgendwo betteln oder Klamotten klauen, die ich verkaufen konnte. Sie waren zu Hause oder bei Nachbarn.

Daß ich klaue, haben sie nicht mitgekriegt. Aber sonst so einiges. Vor allem durch Kurt, meinen Mann, der sich seinen Druck auch auf dem Sofa im Wohnzimmer gemacht hat. Wenn er sich im Löffel was gebraut hat und Tanja wissen wollte, was das ist, haben wir ihr gesagt, Hasch. Und daß nur er das nimmt. Ich selbst bin aufs Klo, wenn ich mir einen setzen mußte. Dann hat Tanja mich mal gefragt, warum ich immer so lange auf dem Klo bleibe.

»Na, weil ich eben muß.«

»Aber früher warst du nie so lange auf dem Klo.«

»Na, ich lese eben Zeitung dabei.«

»Was? Du hast doch mal selbst zu Susi und Robert gesagt, du findest es pervers, wenn jemand im eigenen Gestank sitzt und Zeitung liest.«

»Na gut, ich hab' meine Meinung eben geändert.«

»Stimmt nicht. Du nimmst Drogen. Gib es zu. Und nicht nur Hasch. Dieses Hasch, das ihr komischerweise immer flüssig macht – früher habt ihr Hasch nie flüssig gemacht. Das ist gar kein Hasch.«

»Wieso – das ist eben eine andere Sorte.«

»Mama. Bitte –«

»Ist gut, Tanny. Wir setzen uns gleich ins Kinderzimmer, und ich sag' dir, was los ist.« Dann hab' ich ihr alles erzählt. Ich hab meine Kinder nie angelogen und sie mich auch nicht.

Tanja hat es gehaßt, daß ich gedrückt habe.

»Mama, wenn du nicht bald was tust, dann dreh' ich durch«, hat sie öfter gesagt.

Einmal war sie soweit, daß sie mich zum Horizont bringen wollte, eine Anlaufstelle für Junkies in Wilhelmsburg, so etwas wie das Drob Inn in St. Georg. Damit ich mir Polamidon verschreibe lasse und endlich von der Nadel komme.

»Und was ist mit Mubak und den ganzen Typen? Die

kommen doch weiter zu uns und fixen bei uns rum. Wie soll ich da aufhören?«

»Dann müssen wir eben zur Polizei gehen«, hat sie gesagt. Aber die Bullen wollte ich nicht im Haus. Ich habe ihr die Idee mit dem Horizont ausgeredet. Und alles ist weitergegangen wie immer.

24.7.

Meistens habe ich keinen Bock, mich groß in action zu stürzen, um einen Platz zum Pennen zu finden. Der nächste Kellerabgang oder ein Wärterhäuschen draußen bei der Bahn, das reicht mir. Gestern habe ich gedacht, ich möchte mal in aller Ruhe schlafen.

Mit der U2 raus bis Hagenbecks Tierpark. Dann zu Fuß weiter, Richtung NDR, in die Kleingärten. Die Gegend kenne ich noch aus meiner Zeit im Heim. Ich komme an, und in einigen Lauben brennt noch Licht. Ich finde dann doch einen Weg, in dem alles dunkel ist. Und gucke mir eine Laube aus, in der sich nichts bewegt. Sicherheitshalber klopfe ich noch mal.

Tatsächlich rührt sich was, die Tür geht auf, ein alter Mann im Unterhemd mit Hosenträgern drüber steht vor mir, seine Frau guckt ihm über die Schulter.

»Oh, Entschuldigung, ich glaube, ich hab' die Parzelle verwechselt. Hier soll eigentlich irgendwo ein Fest sein, zu dem ich eingeladen bin. Aber da muß ich wohl noch weitersuchen.« Und drehe mich auf dem Absatz um.

»Wie heißen die Leute denn, zu denen Sie wollen«, ruft der Mann hinter mir her. Ich bin schon an der Gartenpforte.

»Müller-Kleineges, aber ich werd' es schon finden, vielen Dank!« Und mache, daß ich wegkomme.

Die nächste Laube sehe ich mir genauer an. Alles in Ordnung, tote Hose. Auch als ich klopfe, rührt sich nichts. Ich schleiche nach hinten, nehme ein Stück Holz und schlage das Fenster auf der Rückseite ein. Ein Klirren, gleich müßte die ganze Siedlung aufwachen! Ich verstecke mich hinter ein paar Johannisbeerbüschen. Schwarze Johannisbeeren, wie auch mein Opa sie im Garten gehabt hat. Die Blätter riechen toll. Der Mond ist halbrund und scheint in den Garten. Ich warte ein paar Minuten. Als in der Nachbarschaft alles still bleibt, riegle ich das Fenster auf und steige in die Hütte.

Es ist ziemlich dunkel, der Mond ist auf der anderen Seite geblieben, viel kann ich nicht erkennen. Ich stoße mich erst an einem Tisch, dann sehe ich auf einem Regal eine Taschenlampe. Mit der Hand schirme ich den Lichtstrahl ab und schaue, wo ich gelandet bin. Diese Kleingärtner richten sich ein, als ob sie jede Sekunde eine Fluchtwohnung bräuchten. Eine Eckbank um einen Tisch mit einer blaukarierten Tischdecke, eine Couch mit abgewetztem Samtbezug und voller Hundehaare. An der Wand hängen ein paar getrocknete Fischköpfe, alte Bilder vom Hamburger Hafen und eine Schiffsglocke, wie man sie auf St. Pauli nachgeschmissen kriegt. Auf dem Boden haben sie Flickenteppiche. Der Kühlschrank ist angestellt – nur für eine Packung Margarine und drei Dosen Latz. Die haben sie nicht mehr alle!

Aber in einem Wandschrank finde ich eine angebrochene Packung Cornflakes. Ich esse zwei Handvoll und spüle sie mit einer Cola runter, die ich vom Kiosk mitgebracht habe. Dann sehe ich mich genauer um. Nichts da, außer einem Feuerzeug und einer Schachtel Marlboro, womit ich etwas anfangen könnte. Aber einen Wecker haben sie. Ich stelle ihn mir auf vier. Rauche in aller Seelenruhe eine Zigarette, lege mich auf das Sofa und wickele mich in meinen Pullover. Fast fühle ich mich ein bißchen sicher. Dann bin ich weg.

Mitten in der Nacht wache ich auf, und einen Augenblick lang weiß ich nicht, wo ich bin. Der Mond leuchtet jetzt ins Zimmer, das Licht fällt auf den Hecht. Spitze Zähne in einem Riesenmaul, es sieht aus, als ob er grinst. Einen Augenblick glaube ich, Helmut Sorge hängt an der Wand, mit dem ich im Heim mal zusammen war. Keine Ahnung, warum der mir gerade einfällt. Dann schlafe ich wieder ein.

Um vier der Wecker. Es ist schon ein bißchen hell. Draußen pfeifen Vögel, habe ich lang nicht mehr gehört. Ich gehe zum Abschied aufs Klo, richtiger Luxus, Blümchenpapier. Dann sehe ich zu, daß ich wegkomme. Richtung Bahnhof.

25.7.

Eklige Nacht. Ganz unten auf einer Kellertreppe. Irgendwo im Schanzenviertel. Warm, aber wahnsinnig unbequem.

Sofort, wenn ich was höre, wache ich auf. Schrecke bei jedem Schritt auf der Straße hoch. Drücke mich in den Schatten und mache mich ganz klein.

26.7.

Ich latsche durch die Stadt und bin meist völlig breit. Bettle und ziehe mir ein paar Tabletten rein. Sitze in der U-Bahn und knacke für ein paar Minuten weg. Penne in einem Kellerloch und verpasse mir einen Druck. Wenn ich keinen Platz zum Schlafen finde, renne ich in der Nacht rum. Ich weiß nicht mehr weiter und habe es so satt. Alles. Ich ertrage das nur, wenn ich mir einen frischen Druck machen kann. Aber dieses dauernde Gehetze nach Kohle: Betteln, Anpumpen, Klauen. Irgendwo ein paar Mark auftreiben.

Immerhin habe ich bisher noch jeden Tag soviel zusammengekratzt, daß ich nicht affig wurde. Notfalls habe ich ein paar alte Filter ausgekocht. Jetzt hier draußen im Freien einen Affen zu kriegen, ohne irgendwo unterkriechen zu können, das wäre wirklich die Hölle.

Für den äußersten Notfall habe ich immer noch Andy, meinen ersten Dealer. Der gibt mir was auf Kredit, wenn ich ganz klamm bin. Bisher habe ich immer bezahlt, das weiß er.

27.7.

Nichts wie Fetzen und Scherben im Kopf. Fix und fertig. So sinnlos, das Herumgelaufe den ganzen Tag. Wohin man kommt, wird man herumgeschubst. Der Körper ist ein kaputtes Sieb mit lauter Löchern in der Haut. Ich bin überflüssig. Die Kinder brauchen mich nicht mehr, die haben jetzt ein neues Zuhause. Ein Bündel Dreck, fertig für den Müll.

Überall um mich rum die Ätzstadt. Überall Dreck und Beschiß und Kotzmenschen, die einen treten, wo sie können. Auf den Ämtern mußt du aufpassen, daß sie dich nicht aufs Kreuz legen. Bei den Junkies, daß sie dich nicht abziehen. Immer mußt du vorsichtig sein, keinem kannst du trauen, nur dir selbst, jede Sekunde mußt du dich durchschlagen, und wozu?

Ich stehe vor einer tiefen Schlucht und brauche mich nur nach vorne kippen zu lassen. Dann ist der ganze Scheiß vorbei und *Nie mehr nie mehr* kann jemand oder irgendwas mir wehtun. Es reicht. Es reicht total.

28.7.

Ich habe mir am Bahnhof einiges zusammengekauft. Vor
dem Thalia-Theater auf einer Bank ein paar Valium eingeschmissen. Dann weiter in die Spitalerstraße, in den Eingang zum Semperhaus A.

Zwischen der Treppe und der großen Bronzestatue
habe ich das Gift zusammengekocht. Ein Gramm H und
20 Rosch. Nichts gedacht, nichts gefühlt. Nur den hellbraunen Steinfußboden angesehen und die schmalen
Bänder aus dunklem Stein. Ganz ruhig. Als ob ich am
Eingang zu einem Tunnel stehe, in dem ich nicht mehr
umkehren kann. Und von hinten schubst jemand.

Im Stehen die Hose runtergezogen und alles in die Leiste gejagt. Dann auf den Boden gelegt. Das letzte, was
ich gesehen habe, war das dunkelbraune Schild, auf dem
›Gottfried Semper‹ steht. In der unteren Ecke waren drei
Schmetterlinge. ›Warum drei Schmetterlinge?‹ habe ich
gedacht.

Das nächste, was ich weiß: Ich höre wie aus weiter,
weiter Ferne eine Stimme:

»Die fällt ab, die fällt uns ab, die kriegen wir nicht mehr,
gleich ist sie weg!« Dann ein ekliges Piepen im Hintergrund, dann ist wieder alles vorbei.

Irgendwann wache ich auf. In einem Krankenhausbett.
Apparate stehen auf einem Tisch, Flaschen hängen an ei-
nem Kran, ich habe einen Schlauch im Arm: der ganze
Krankenhaus-Pillepalle. Bin ich das? Bin das wirklich ich?
Einer im weißen Kittel mit einem schwarzen Schnauzer,
der witzigerweise so aussieht wie Andy, fummelt an ir-
gendwelchen Knöpfen rum. Ich frage ihn, wie spät es ist.
Und wo ich bin.

Halb fünf, AK St. Georg.

Ich spüre den Affen schon übel in den Knochen. Die

haben mir sicher ein Gegenmittel gespritzt. Ich sage ihm, er soll das Zeug wegmachen. Ich muß hier raus.

Er meint, das darf er nicht.

Ich versuche selbst, den Schlauch rauszuziehen.

»Um Himmels willen«, stürzt er auf mich zu, »tun Sie das bloß nicht, das gibt ein Blutbad.«

Ich sage ihm, daß mir das sowas von scheißegal ist. Entweder er macht den Dreck jetzt ab, oder ich reiße ihn mir selber raus.

»Warten Sie einen Moment«, schreit er, »ich hole gleich einen Arzt. Das kann nur der Arzt entscheiden.«

Als er draußen ist, ziehe ich den Schlauch raus. Es tut eklig weh, ein bißchen Blut kommt raus. Ich wische es am Kopfkissen ab.

Dann schlüpfe ich in meine Schuhe. Ich bin sehr wacklig auf den Beinen und knalle auch gleich gegen den Nachttisch. Aber ich muß weg, ich brauche einen Druck. Vorsichtig schleiche ich mich raus. Ich habe Glück. Keiner hält mich auf.

30.7.

Meistens kaufe ich von Manfred am Bahnhof, aber der war heute nicht da. Habe dringend was gebraucht und bin zu dem Texaner, der auch immer was hat. Eigentlich hasse ich es, von einem Typ zu kaufen, den ich nicht richtig kenne. Auf Manfred kann ich mich verlassen. Der sagt Bescheid, wenn das Zeug mal nicht so gut ist, weil er es aus einer anderen Quelle beziehen mußte. Ich habe ihm sogar ein paarmal geholfen, nicht so guten Stoff zu verticken, damit er nicht drauf sitzenbleibt.

Manfred war zu mir immer korrekt, bei den andern weiß man nie, wie man dran ist: Mal ist das H mit Manitol versetzt, mal packen sie sogar Strychnin rein. Das knallt zwar wie wahnsinnig und gibt einen irren Kick, aber wenn die Dosis nicht genau stimmt . . .

Meistens spricht es sich schnell rum, wenn einer damit panscht. Aber wenn du zufällig zu den ersten gehörst, die es sich andrehen lassen, kannst du der Dumme sein. Uwe ist daran gestorben. An H, das mit Strychnin versetzt war, ist noch kein halbes Jahr her.

Der Texaner hat mir vier Päckchen für einen Fuffi angeboten. Statt drei, wie normal. Ich habe gekauft, auch wenn man verdammt vorsichtig werden muß, wenn ein Dealer plötzlich sein weiches Herz entdeckt.

»Das Zeug ist okay. Es sind meine letzten vier Päckchen. Ich will dir bloß einen Gefallen tun. Vielleicht kommen wir ja öfter ins Geschäft.« Das Zeug war tatsächlich klasse. Braunes, wahrscheinlich aus der Türkei.

3.8.

Habe Mubak gesehen, in der Langen Reihe. Nur von weitem, aber ich habe fast angefangen zu schreien. Nicht aus Angst, unter Leuten habe ich keine Angst vor ihm. Aber weil auf einmal alles wieder hochkam.

Bin in den indischen Laden und habe in den Regalen gewühlt. Als ich wieder zur Tür rausgeguckt habe, war er verschwunden. Aber den Horror hatte ich im Nacken.

Den ganzen Tag hin- und hergefahren, von einer U-Bahn in die nächste. Und die ganze Zeit nur die letzten Monate im Kopf, als Mubak und seine Gang fast jeden Tag bei uns zu Hause aufgekreuzt sind. Ungeheuer, was der uns angetan hat.

Mubak und seiner Gang habe ich es zu verdanken, daß ich jetzt hier draußen rumhänge. Und Kurt, meinem Mann, der sie angeschleppt hat. Von Andy hatten wir prima Heroin gekriegt, weißes aus Thailand, aus alter Freundschaft. Aber er hat uns verboten, irgendwas an Türken zu verkaufen.

»Bloß nichts an die Konkurrenz. Das ist die Bedingung.«

Kurt hat sich nicht dran gehalten. Und eines Tages ist Mubak in der Wohnung gestanden und wollte wissen, woher er das Zeug hat. Vier Typen haben sich vor Kurt gestellt, einer hat seinen Ausweis genommen und ihn ganz langsam in kleine Fetzen zerrissen.

»Guck zu, du Wichser. Und jetzt sag was. Sonst geht's dir genauso.«

Und Kurt, der Berg von Mann mit einem Kreuz wie ein Ochse, steht da und guckt wie ein Hase und läßt sich alles gefallen wie ein Schaf. Obwohl er fast zwei Köpfe größer war. Und hat Andy verpfiffen.

Ich habe ihn angeschrien:

»Du Feigling! Warum hast du dir nicht wenigstens einen gegriffen! Jetzt machen sie das immer wieder mit dir.«

»Halt du dich raus. Was verstehst du schon? Die hätten mir den Bauch aufgeschlitzt. Die kennen da gar nichts.« Und hat sich immer noch fast in die Hosen gemacht.

»Ein Schisser bist du, mehr nicht. Du fährst sofort zu Andy und sagst ihm, daß du ihn preisgegeben hast.«

»Warum das denn? Das ändert doch jetzt auch nichts mehr. Andy kann sich schon selber wehren.«

»Klar kann er das. Er ist ja nicht du. Aber er muß wenigstens Bescheid wissen.«

Am nächsten Tag ist Andy bei uns aufgetaucht:

»Tut mir leid, Jule. Ich kann euch nichts mehr geben.

Du mußt das verstehen. Der verpfeift mich überall. Und plötzlich geh' ich wegen ihm in den Bau.«

Von da an hat Kurt Mubaks Stoff verkauft. Irgendwann kam der und hat 7 000 Mark verlangt. Ich habe nie erfahren, was das für ein Deal war. Aber Kurt hatte ungeheure Muffe vor ihm. Er hat die Tankstelle in Wilhelmsburg überfallen und Mubak das Geld abgeliefert. Hat nicht mal nachgezählt, wieviel es war. Dann war ein Edeka-Laden dran. In einer Gegend, die er nicht kannte. Und mit einem kaputten Bein. Der Filialleiter hat sich schwer über ihn lustig gemacht:

»Tja Junge, wärst du zehn Minuten eher gekommen, hättest du die ganzen Wocheneinnahmen kassiert. So hab' ich bloß noch 200.« Draußen haben schon die Bullen gewartet.

Als Kurt im Knast war, ist die Gang von Mubak fast jeden Tag bei mir aufgetaucht. Über ein Jahr. Sie haben die Tür eingetreten oder die Fenster ausgehakt. Und immer nur:

»Du zahlst 7 000 Mark! Dalli!«

Wenn ich mit den Kindern vom Spielplatz oder vom Einkaufen gekommen bin, sind sie schon im Wohnzimmer rumgesessen und haben sich einen Druck gemacht. Manchmal sieben, acht Mann.

»Ach, du warst einkaufen? Du hast Geld?« Zack, hat einer mich gegen die Wand gedrückt. Andere haben sich davorgestellt, damit die Kinder nicht dazwischen gehen oder die Polizei holen konnten. Überall haben sie nach Geld gesucht. Sie haben die Couch aufgeschlitzt, den Schrank kaputtgeschlagen, die Tapeten zerfetzt und den Teppichboden aufgerissen. Sie haben rausgekriegt, wann ich Kindergeld kriege. Dann sind sie mit mir zur Post, den Scheck einlösen, und haben mir die 840 Mark gleich abgenommen. Am Ende habe ich mir beim Sozialamt Gutscheine für Lebensmittel geben lassen. Damit die Kinder was zu essen kriegen. Da haben sie auch noch den Kühlschrank leergefressen.

Sie haben den Fernsehapparat rausgetragen, haben den Kindern die Videokassetten geklaut und die Mountainbikes. Tanja hat sich mit ihnen angelegt. Mubak hat sie angebrüllt:

»Sei vorsichtig, sonst bist du bald keine Jungfrau mehr, wenn ich dich draußen mal erwische!« Aus Wut haben sie ihrem Hasen den Hals umgedreht und ihn aufs Sofa unter ein Kissen gesteckt.

Zweimal habe ich die Tür reparieren lassen. Zweimal rausgeschmissenes Geld.

Ich war tief verzweifelt. Eines Tages habe ich Mubak angebrüllt:

»Hier gibt's nichts mehr zu holen, hau endlich ab und laß dich nie mehr wieder sehen!« Da hat er mich an die Wand geknallt, daß mir die Lippe geplatzt ist und das Blut nur so rausgeschossen kam. Auf der Tapete ein Riesenfleck.

Am Ende hat die Wohnung ausgesehen wie eine Abfallhalde. Holzsplitter, Papierfetzen, Kippen, dreckiges Geschirr – alles Müll und Bruch und Schutt. Ich habe nicht mehr die Kraft gehabt, irgendwas zu reparieren oder aufzuräumen.

Staffelt vom Jugendamt hat immer wieder auf mich eingeredet:

»Sie müssen was ändern! Sie müssen hier raus! Wir können die Kinder nicht hier drin lassen.«

Was hätte ich machen sollen? Ich bin nicht gegen die angekommen. Habe nur gebetet und gebetet, daß ihn irgendeiner mal abknallt.

6.8.

Ende. Aus. War bei den Kindern. Erst nachts weg. Der Ekeltyp. Auf dem Bahnsteig in Veddel. Krankenhaus St. Georg. Notaufnahme und dann wieder weg. Will überhaupt nie mehr in meinem Leben mich daran erinnern.

Im Drob Inn

7.8.

Seit gestern bin ich in der NOX. Am Nachmittag nach der schlimmen Nacht in Veddel bin ich ins Drob Inn. Wollte mich in die Liste für ein Festbett in der NOX eintragen lassen. Und fürs Pola-Programm. Zufällig stand gerade eine Frau aus der NOX am Tresen, Tamy. Sie hat meinen Namen aufgeschrieben:

»So. Auf der Liste stehst du jetzt. Aber es sind rund 40 Leute vor dir dran. Es kann sechs bis acht Wochen dauern, das weißt du.«

»Weiß ich. Ich glaub' aber nicht, daß ich noch so lange durchhalt'.« Dann habe ich ihr alles erzählt, was in den letzten Wochen passiert ist.

»Übel«, hat sie gesagt. »Du siehst auch wirklich schlimm aus. Aber heute sind wir einfach voll. Total. Nicht mal das Notbett kann ich dir geben. Das ist auch schon belegt.«

»Aber ich kann nicht mehr. Was soll ich jetzt machen? Wo soll ich hin? Am besten, ich setz' mir 'nen Überdruck, was?«

»Ich weiß nicht, wohin du heute kannst. Aber ich rede mit unserem Team. Vielleicht können wir dich vorziehen. Hältst du noch eine Nacht durch? Mit der Aussicht, daß es vielleicht klappt?«

Am Tag darauf bin ich wieder hin. Ich habe mit John geredet, dem Arzt, der Vertretung für die richtige Drob-Ärztin macht. Habe ihm gesagt, daß ich ins Pola-Programm will, damit ich meine Kinder wieder zu mir nehmen kann. Sie sind das einzige, was mich noch am Leben hält.

»Zeig mir mal deinen linken Arm«, sagt er plötzlich.

»Wozu denn?« habe ich gefragt. Habe ihm den Arm aber hingestreckt. Ziemlich häßliches Stück Fleisch. Dick geschwollen, voller Eiterbeulen und rot wie eine Heizsonne. Die Haut hat widerlich gespannt, dauernd habe ich ein Ziehen darunter gespürt. Und jedesmal, wenn ich ihn bewegt habe, einen Stich im Herzen.

John hat ihn vorsichtig untersucht und den Kopf geschüttelt. »Gut«, hat er gesagt. »Du kriegst das Notbett.«

Sie geben mir auch ein Festbett außer der Reihe und sagen einem andern ab, der übermorgen dran wäre. Ich komme sogar ins Pola-Programm. Auch wenn sie noch keinen Arzt haben, der das Gutachten schreibt und meine Betreuung übernimmt. Er selbst kann das nicht machen. Jeder Arzt darf nur zehn Pola-Patienten betreuen. Und seine Quote ist voll.

Das alles machen sie aber nur unter einer Bedingung.

»Du gehst heute noch ins AK St. Georg und läßt deinen Arm behandeln. Wenn die Abszesse nicht jetzt gleich aufgemacht werden, kann's nämlich sein, daß er dir abgenommen werden muß.«

Ein Krankenwagen hat mich ins AK gebracht. Der Arzt wollte mir keine Vollnarkose geben. Zu riskant in meinem Zustand. Dann haben sie mich auf die Liege gedrückt, haben mir ein Stück Holz oder Plastik als Knebel zwischen die Zähne gesteckt und den Arm vereist. Trotzdem habe ich gespürt, wie sie geschnitten haben. Einen Abszeß nach dem anderen. Ein widerlicher Geruch im OP, wie nach alter Scheiße. Es hat höllisch weh getan, mir sind die Tränen runtergelaufen, ich habe das Ding in meinem Mund fast durchgebissen.

Als ich gefragt habe, ob er langsam fertig ist, hat er gelacht:

»Wenn Sie schon mal hier sind, machen wir den anderen Arm gleich mit! Sonst stehen Sie in ein paar Tagen wieder vor der Tür.«

Ob ich einverstanden bin, hat er gar nicht lange gefragt. Einfach gleich weitergeschnipselt. Sie hatten mich fest auf der Liege, ich hatte den Knebel im Mund und keine Chance, mich zu wehren. Dann haben sie mir die Arme dick verbunden. Und mich zurück in die NOX gekarrt.

Abends ein Gespräch mit Tamy. Ich komme erstmal in KB, Krankenbetreuung. In ein Zweibettzimmer, für mich allein. Als nächstes suchen sie einen Arzt, der meine Pola-Betreuung auf Dauer übernimmt: Dosis-Einstellung, Urin-Proben, Rezepte ausschreiben.

Tamy hatte am Nachmittag schon in der Drogen-Ambulanz in der Max-Brauer-Allee angerufen und mich angemeldet. Bis sie einen Arzt gefunden haben, bekomme ich das Pola ohne Rezept.

»Acht Meter, mehr geben sie nicht. Kann sein, daß dir das in der ersten Zeit nicht ausreicht«, hat sie gesagt. »Aber denk daran: Drücken ist hier drin strengstens verboten. Wer erwischt wird, fliegt raus. Da machen wir keine Ausnahme. Auch nicht bei dir.«

8.8.

Heute morgen zum erstenmal in der Ambulanz in der Max-Brauer-Allee. Sieht aus wie ein Wohnhaus, drinnen eine enge Treppe, oben ein dunkler Flur und ein paar Büros. Dauernd kommen und gehen Leute. Vielen sieht man den Junkie schon von weitem an. Aber es sind auch ein paar darunter, denen man nicht anmerkt, daß sie mal gedrückt haben. Eine Frau, Mitte zwanzig, in einem blauen Leinen-kleid. Sie hat sogar ihr Kind dabei gehabt. Ein süßes Mäd-chen, so fünf, sechs Jahre alt. Hat mir einen schweren Stich versetzt.

Ich komme auch noch so weit. Aber ob ich die Umstel-lung jetzt auf einen Schlag schaffe?

Die Ärzte in der Ambulanz haben Bescheid gewußt. Acht Meter kriege ich. Sie gehen nicht höher. Nach dem, was ich von Leuten gehört habe, die auf Pola umgestie-gen sind, ist das wenig. Jedenfalls, wenn man auf zwei Gramm täglich dosiert ist. Wie ich.

Das Pola ist ein weißer Saft, ziemlich bitter. Ich habe es mit Orangensaft gekippt. Gleich danach: ein Schub. Einen Moment lang habe ich das Gefühl gehabt, ich fan-ge im Innern an zu kochen. Am ganzen Körper ist mir der Schweiß ausgebrochen. Aber die Unruhe war weg, der Affe im Anmarsch wie weggeblasen, ziemlich gleich.

Zurück in die NOX. Ganz schöner Streß, unterwegs zu sein. Meine Knie haben heftig gezittert. Ich habe einen kurzen Abstecher zum Bahnhof eingelegt. Nur einen klei-nen Notvorrat besorgen.

In der NOX habe ich mich wieder hingelegt. Habe mich ganz ruhig gefühlt. Habe gedacht, wenn es so bleibt, kommt alles in Ordnung. Zwar nicht besonders drauf, aber auch keinen Affen – damit läßt sich vielleicht schon le-ben.

Aber am späten Nachmittag war es vorbei damit. Ich habe angefangen zu frösteln. Und Ziehen in den Knochen. Gott sei Dank habe ich das Zimmer für mich allein. Habe mir einen Druck gemacht.

10.8.

Erste Urinprobe in der Ambulanz. Der Typ hat mich groß angesehen:

»Du weißt, daß Bei-Konsum nicht erlaubt ist?«

»Sicher weiß ich das. Ihr wißt aber auch, daß ich auf zwei Gramm dosiert war. Wie soll ich jetzt mit acht Metern auskommen? Kann mir das einer mal vormachen?«

»Schon gut. Wir müssen langsam höher. Wenn du erst mal einen Arzt hast . . .«

Zu einem Typ vor mir haben sie gesagt:

»Es reicht. Das ist die letzte Warnung. Wenn du nochmal so eine Urinprobe hier abgibst, brauchst du gar nicht mehr wiederzukommen. Dann ist Schluß. Endgültig.«

Acht Wochen kann ich in der NOX bleiben. Eine richtige Erleichterung. Mein Zimmer ist nicht besonders schön, aber es hat wenigstens vier Wände und eine Decke. Zwei Betten aus braunem Stahlrohr und hellem Holz stehen drin. Zwei verkratzte Nachtschränkchen. Zwei Stühle und zwei grüne Stahlspinde. Auf der Tapete Blutflecken. Und auf dem Boden grauer PVC. Egal. Hauptsache, ich schlafe in einem Bett, ich kann mich in einem richtigen Badezimmer waschen, ich kriege ein Frühstück hingestellt. Vor allem muß ich nicht darüber nachdenken, wo ich abends unterkrieche, und ob jemand mich sieht und hinter mir her ist. Der Streß ist weg, ich habe mich schon richtig daran gewöhnt.

Meine Arme sind immer noch eingebunden. Die Brühe aus den Wunden suppt durch. Zweimal am Tag wechseln John oder Tamy oder einer der Zivis die Verbände und spülen die Wunde mit Kamillenzeugs. Aber ich glaube, es heilt. Ich habe das Gefühl, es geht mir besser.

Ich hoffe, acht Wochen sind genug, um umzusteigen. Hinterher fange ich ein neues Leben an. Ich suche mir eine andere Wohnung und hole die Kinder wieder zu mir. Habe sie seit Ewigkeiten nicht mehr gesehen. Ich sehne mich so nach ihnen, will aber abwarten, bis die Verbände von den Armen weg sind.

14.8.

Acht Leute sind wir zur Zeit hier. Bis auf das leere Bett in meinem Zimmer ist die NOX voll belegt.

Ich komme meistens hierher zurück, wenn ich mein Pola abgeholt habe. Am Tabakladen an der Ecke nehme ich mir eine Schachtel Marlboro mit. Am Spadenteich, zwischen dem Hotel ›Norddeutscher Hof‹ und einem China-Hotel liegt das ›Textilhaus‹. Die braune Tür unten ist ganz zerkratzt. Darüber kann man noch sehen, wo mal die Buchstaben ›Orient-Teppiche‹ gehangen haben.

Das Drob Inn liegt im ersten Stock. Aufenthaltsraum, Küche, Duschen und Waschraum. Und dahinter, hinter einer geschlossenen Stahltür, die NOX. Die Übernachtungsstelle.

Ich liege tagsüber die meiste Zeit auf dem Bett, bin noch ziemlich schwach. Am Nachmittag gehe ich manchmal rüber ins Drob, wenn es geöffnet hat. Hier wohnt keiner. Es ist nur ein Ort zum Luftholen für Junkies. Im Aufenthaltsraum hängen immer mal ein paar Leute von draußen rum, die zum Klamottenwaschen oder Duschen gekommen sind. Am Tresen gibt's Essen und Trinken. Cola kostet 50 Pfennig, eine Doppelte eine Mark. Bis sechs Uhr abends ist geöffnet. Dann wird es wieder still.

Gestern abend haben sie Marquard erwischt, wie er sich einen Druck gemacht hat. Claire, die andere Betreuerin, hat verlangt, daß er das Zeug auf der Stelle ins Klo schmeißt. Oder seine Sachen packt.

»Du kennst die Hausordnung. Du hast sie unterschrieben: Keine Drogen hier drin. Kein Dealen. Keine Schlägereien.«

Stur wie eine Nonne.

Marquard hat erst rumgepöbelt: »Ihr könnt mich alle mal, ihr Arschlöcher. Laßt mich in Ruhe.«

Dann hat er gebettelt: »Das war ein blöder Ausrutscher. Der letzte, ich schwör' es. Jeder hat das Recht auf 'ne zweite Chance.«

Dann wieder rumgebrüllt: »Und sowas soll eine Hilfe für Drogenabhängige sein. Schlimmer als ein Knast ist das.«

Und am Schluß ist er gegangen.

Klar, wer ist schon so blöd und schmeißt ein paar Päckchen einfach weg? Aber wer ist auch so blöd, daß er sich erwischen läßt?

18.8.

Ich habe die Kinder abgeholt. Trotz der Verbände. Wir sind auf den Spielplatz. Kevin hat mir einen Brief geschrieben: »Mami, wir sind bald wieder zusammen und solange müssen wir tapfer sein, so gut es geht. Wir machen uns auch wieder ein gutes Zuhause wie früher. Bitte wein doch nicht immer so. Wir lieben uns immer und sind bald wieder zusammen.«

Dazu hat er ein Bild gemalt. Ein Haus mit rotem Dach, und davor stehen Tulpen, und Enten watscheln herum.

»Oh mein Baby«, habe ich gesagt, und ihn geknuddelt wie nicht klar, »du hast recht. Wir sind bald wieder zusammen. Und dann holen wir alles nach, was wir im Augenblick nicht können.«

Ich liebe meine Kinder mehr als alles andere auf der Welt. Sie haben immer alles bekommen, was sie sich wünschten. Manchmal war das schon krankhaft. Ich wollte, daß sie die ganze Liebe kriegen, die mir als Kind gefehlt hat. Und daß ihnen erspart bleibt, was ich als Kind mitgemacht habe.

Julia erinnert sich:

»Was ich als Kind mitgemacht habe«

Geboren wurde ich am 15. Juni 1963 in Hamburg-Harburg. Mein Vater, mein angeblicher Vater, war gelernter Schiffsbauer und arbeitete als Reisebusfahrer bei der Firma Stark. Meine Mutter, geborene Ratzbek, adoptierte Mundt, verheiratete Loose, war Altenpflegerin und schizophren, aber das haben wir erst später gemerkt.

Ich erinnere mich, wie ich als Baby in einem Wäschekorb geschlafen habe, weil in unserer Einzimmerwohnung in Bosselbek kein Platz für ein Kinderbett war. Meine drei Jahre ältere Schwester Maren hab' ich gar nicht gekannt, weil sie bei der Adoptivmutter meiner Mutter aufgewachsen ist. Im Kindergarten war ich nie, dafür aber oft im Reisebus mit meinem Vater unterwegs. Manchmal haben Fahrgäste mir Süßigkeiten zugesteckt.

Als ich vier oder fünf war, sind wir nach Reseberg gezogen. Auch Maren ist zu uns gekommen, weil die Adoptivmutter gestorben war. Wir haben in einer Zweizimmerwohnung gelebt, in einem größeren Wohnblock mit langen Treppen. Die Toiletten waren im Keller. Wenn mein Vater besoffen war, war er zu faul, nach unten zu gehen. Er hat einfach ins Waschbecken gepinkelt. »Papa, du Schwein!« Ich habe mich jedesmal furchtbar geekelt.

Unter uns hat eine widerliche Nachbarin gewohnt, Frau Kolje. Sie hat wie eine wirkliche Hexe ausgesehen, mit filzigem Haar und Warze und Buckel und einer dreckigen Schürze. Sie hat in der Mülltonne rumgepuhlt und alle Kinder angekeift. Wenn wir abends runter aufs Klo sind, Maren und ich, ist eine von uns immer am Lichtschalter stehengeblieben und hat das Licht angeknipst, wenn es ausging. Eine hat auf die andere gewartet, immer.

Abends haben meine Eltern uns oft allein gelassen. Ich war das gewohnt, Maren nicht. Sie hat ewig Angst gehabt und dann auch mir angst gemacht:

»Hörst du das nicht, Julia? Da draußen schleicht jemand rum. Da tappst doch was, und jetzt das Kratzen am Schlüsselloch!« Auf einmal habe ich es auch gehört und losgeschrien. Dann ist uns beiden die Luft weggeblieben vor Schreck, wir haben uns die Decke über die Ohren gezogen und aneinandergekuschelt und gezittert, bis wir eingeschlafen sind.

Mit sechs bin ich in die Schule gekommen, aber davon weiß ich nichts mehr. 1970 ist meine Mutter schwanger geworden. Als sie die Wehen gekriegt hat, war mein Vater auf Schicht. Er hat inzwischen bei der Hamburger Hochbahn gearbeitet. Ich bin zu Tante Astrid, zwei Häuser weiter, und habe ihr gesagt, sie soll meine Mutter ins Krankenhaus bringen. Erst wollte sie nicht, weil ich kein Geld fürs Taxi mitgebracht hatte. Dann hat sie doch eins gerufen. Wir zwei sind allein zu Hause geblieben.

Am nächsten Morgen um fünf ist mein Vater nach Hause gekommen. Stockbesoffen, die Hose bis zu den Knien, hat er rumgebrüllt:

»Wir haben einen Jungen, wir haben einen Jungen!«

»Kann ich mit ihm spielen?« habe ich gefragt.

»Klar, der wartet doch bloß darauf!«

Wir sind ins Krankenhaus gefahren und haben ihn angeguckt. Ein ekliges, puterrotes Babymonster hinter der Scheibe.

»Iihh, ist der häßlich«, habe ich gesagt, »und spielen kann man mit dem schon gar nicht.«

Ein paar Tage darauf ist meine Mutter nach Hause gekommen. Mit Stefan, so hieß er. Und war ziemlich überflüssig, meiner Meinung nach. Auf einmal war ich nicht mehr die Wichtigste für meinen Vater. Logisch: Immer, wenn ich ihm einen beipulen konnte, habe ich das auch getan.

Als nächstes mußten wir ins Lager Fischbek ziehen, Baracke 17, Hamburgs größtes Ghetto. Weil meine Mutter in ihrem Wahn ein paar Monate lang keine Miete bezahlt hatte. Lauter Holzbaracken, zwanzig Wohnungen in einem Block, und eine Dusche pro Baracke. Wenn es geregnet hat, sind die Wege zu Matschbahnen geworden. Wenn es trocken war, hat es überall gestaubt. Kinder gab es jede Menge. Meistens haben wir irgendwo draußen gespielt oder uns geprügelt. Einmal haben sie sogar einen abgestochen.

Mein Vater hat wieder bei Stark gearbeitet. Ist hauptsächlich Kurzstrecken gefahren, weil meine Mutter schon wieder schwanger war. Sie ist immer komischer geworden. Einmal waren wir einkaufen, sie und ich und Stefan im Kinderwagen. Vor dem Krämerladen ging die Straße einen kleinen Berg hinunter. Meine Mutter hat den Wagen abgestellt und die Bremse runtergemacht. Dann hat sie mich lange ganz eigenartig angesehen. Und die Bremse wieder hochgestellt. »Paß bloß gut auf!« sagt sie, und ist rein.

Auf einmal ist der Kinderwagen ins Rollen gekommen. Erst ein bißchen, dann immer schneller, die Straße runter. Ich habe geschrien. Von unten kam ein Auto. Hat gebremst, daß es quietschte. In dem Augenblick ist der Kinderwagen umgekippt und der Lütte rausgefallen. Von allen Seiten sind Leute auf mich zugestürzt:

»Das kannst du doch nicht tun, du darfst doch nicht einfach die Bremse lösen!«

»Hab' ich auch gar nicht«, habe ich geschrien. Meine Mutter hat sich durch die Menschen gedrängt.

»Was machst du?« hat sie gegeifert. Und mir mit aller Kraft mitten ins Gesicht geschlagen. Meine Nase hat sofort geblutet. Ich habe die Welt nicht mehr verstanden. Überhaupt nichts mehr kapiert habe ich.

Abends hat sie meinem Vater die Geschichte erzählt. Wieder so, als ob ich schuld gewesen wäre.

»Papa, das war wirklich ganz anders!« Als ich ihm erklären wollte, was tatsächlich passiert war, hat sie mich heftig gekniffen und angekeift:

»Du sagst jetzt deinem Vater sofort die Wahrheit.« Aber der hat nichts mehr gesagt, nur ganz komisch geguckt.

Als ich acht war, ist mein zweiter Bruder Ralf auf die Welt gekommen.

Meine Mutter hat schon in einer anderen Welt gelebt. Als Ralf drei Wochen alt war, hat sie ihn gebadet. Das Fenster sperrangelweit auf.

»Aber du hast doch bei Stefan immer gesagt daß das Fenster beim Baden geschlossen sein muß.«

»Ach, der ist robust, der kann das ab.« Ein paar Tage später ist er mit Lungenentzündung ins Krankenhaus gekommen, für fast ein Dreivierteljahr. Mich hat sie drei Wochen nicht mehr in die Schule gelassen, angeblich weil ich einen Herzfehler hätte.

Ab und zu hat sie noch in einem Altersheim gearbeitet, die meiste Zeit aber hat sie sich rumgetrieben. Einmal hat sie Omas Haus verkauft – obwohl Oma und Opa darin gewohnt haben. Sie hat Leute hingeführt, als die beiden nicht zu Hause waren, hat ihnen alles gezeigt und dann einen Vorschuß kassiert.

Wieder sind wir umgezogen. Jetzt in die gelben Häuser

am Wilhelmsburger Bahnhof. Eine Vierzimmerwohnung. Ich habe mit Maren in einem Zimmer geschlafen, sie war damals elf, Stefan ist meistens zu ihr ins Bett gekrochen. Wir Kinder waren oft allein. Auch an dem Abend. Halb eins war es, als wir den Krach im Treppenhaus gehört haben.

»Ach je, der Alte kommt nach Hause.« Stockbesoffen, wie fast immer. Er war dann grauenhaft. Einmal hat er mich im Suff gegen die Wand geklatscht. Auf einem Ohr höre ich immer noch nicht richtig.

»Maren!« hat er aus dem Wohnzimmer gebrüllt. Dann nochmal:

»Maren. Sieh zu, daß du herkommst.«

»Wenn er zum dritten Mal ruft, geh' ich und frag', was er will«, hat Maren geflüstert.

»Gut. Bleib aber bloß nicht so lange weg!«

Sie ist aufgestanden und rüber ins andere Zimmer. Es hat gedauert und gedauert, und sie ist nicht zurückgekommen. Mir ist auf einmal ganz, ganz komisch geworden. Ich habe den Kleinen geweckt und gesagt:

»Steffi, sei jetzt ganz leise, wir gehen und holen Maren.« Meinen Bruder hat er meistens in Ruhe gelassen.

Wir sind ins Wohnzimmer geschlichen. Die Tür war halb auf, das Licht hat gebrannt. Maren hat auf dem Boden gelegen, er auf ihr drauf. Ich habe Stefan in die Küche geführt: »Bleib hier stehen, Steffi, und sei ganz leise!«

Dann habe ich das große Fleischermesser aus der Schublade genommen, bin zurück ins Wohnzimmer und habe es ihm in den Rücken gestoßen. Es ist nicht tief rein. Er hat trotzdem gebrüllt wie ein Tier, ist hoch und hat mich in die Ecke geschleudert. Maren hat sich aufgerappelt und ist aus dem Zimmer gerannt. Ich hinter ihr her. Wir haben die Küchentür zugeschlagen und uns unter den Tisch gekauert. Alle drei.

Der Alte hat im Bad rumort. Dann hat er wieder nach Maren geschrien. Ich bin mit. Im Bad war überall Blut. Der Alte hat sich übers Waschbecken gebeugt, er hat ein Tuch auf die Wunde gepreßt, aber das Blut hat weiter getropft.

»Los, verbind das!« hat er Maren angefahren. Als ob er sich in den Finger geschnitten hätte. Sie hat ihm mit einem nassen Handtuch den Rücken abgewischt. Dann ein Stück Tuch auf die Wunde gelegt und es mit Heftpflaster festgeklebt. Ich bin zurück zu Stefan, Maren ist gleich darauf nachgekommen.

»Julia, Julia, er hat gesagt, wenn wir das Mama erzählen, wenn sie von der Nachtschicht kommt, dann bringt er uns alle um. Auch die beiden Lütten. Bitte, bitte, sag bloß Mama nichts davon.«

Meiner Mutter hat er dann erzählt, er wäre besoffen gewesen und hätte sich auf eine Messerstecherei mit Türken eingelassen.

Drei Tage habe ich es ausgehalten. Ich habe versucht, ihm aus dem Weg zu gehen. Dann habe ich nicht mehr gekonnt. Ich habe mir gedacht, wenn ich es nicht erzähle, macht er es nochmal. Meine Mutter hat mich ganz starr angeguckt. Dann hat sie mir mit voller Wucht eine geklatscht. Sie hat heißes Wasser in die Badewanne laufen lassen, hat Maren und mir die Kleider vom Leib gerissen und uns in die kochendheiße Brühe gesteckt. Wir haben geschrien und gebettelt, aber sie hat nur heißeres Wasser nachlaufen lassen. Mein Vater ist gerade von der Arbeit gekommen. Er hat kurz den Kopf ins Bad gesteckt. Und gleich die Türe wieder zugeknallt.

20.8.

»Holen Sie sich 21 Millionen!« habe ich in der Morgenpost gelesen. Im Jackpot beim Lotto. Habe mit Knut ein
bißchen rumgesponnen: 21 Millionen! Was würden wir
damit anfangen?

Er würde sich eine eigene Insel leisten. In Spanien, in
der Sonne. Mit Garten, in dem er Hanf anbauen kann.

Ich würde mir einen Bauernhof kaufen. Dann würde ich
meine Kinder holen. Und ein paar andere dazu, die keine
richtigen Eltern haben.

Habe ich früher schon mal Tanja erzählt, die Idee.
»Mama, du spinnst«, hat sie damals gesagt. »Wir wollen
dich doch nicht mit anderen Kindern teilen.«

21.8.

Dieses Leben in der NOX – manchmal ist es fast wie in
einer Familie. Um halb acht wecken sie uns. Um acht steht
im Drob-Aufenthaltsraum das Frühstück auf dem Tisch.
Brot und Leberwurst und Frosties und Milch. Wir frühstücken zusammen, jedenfalls wer Lust hat. Groß befreun-
det ist hier niemand mit den anderen, man kann auch
keinem trauen. Aber wir, die jetzt da sind, kommen einigermaßen miteinander klar.

Nach dem Frühstück müssen die, die in einem Zimmer
sind, zusammen ein Amt erledigen: Toilette wischen, Geschirr abräumen und in die Spülmaschine sortieren, Küche fegen und feudeln. Ich habe Glück: Meine Arme sind
verbunden, und ich lebe allein in einem Zimmer.

»Was, ich hab' Tagesraum? Kann mir mal jemand
sagen, wie ich das machen soll? Die schweren Tische
rücken und die Stühle heben?« Meistens finden sich

ein paar Jungs, die meinen Kram miterledigen. Ich finde das süß.

Um zehn müssen alle draußen sein. Außer denen, die in Krankenbetreuung sind. Aber was soll ich den ganzen Tag hier drin? Jetzt, wo es mir immer besser geht. Ich gebe den Schlüssel zu meinem Schrank im Büro ab, ziehe los, hole mein Pola. Dann setze ich mich meistens auf den Jungfernstieg zum Betteln.

Oder ich schaue mich am Bahnhof um. Ich rauche einen Joint. Mache mir ab und zu einen Druck. Um gut draufzukommen. Das schafft das Pola nicht.

Ab acht lassen sie einen abends wieder in die NOX. Dreimal klingeln, dann kommt einer der Betreuer runter und schließt auf. Wer will, kann sich aus der Speisekammer eine Dose Bohnensuppe nehmen, oder ein paar Fischstäbchen oder sonstwas, und in der Küche warmmachen. Ich esse ein Mars oder einen Kopenhagener, das reicht mir. Wer Lust hat, trägt den Fernseher und die beiden Sofas aus der Abstellkammer in den Aufenthaltsraum. Fernsehen. Um halb elf müssen alle wieder in der NOX sein.

24.8.

Am Jungfernstieg. Inzwischen nehme ich mir immer eine Decke in einer Plastiktüte mit. Ich habe ein paar Fotos von den Kindern auf eine Pappe geklebt und ein paar Zeilen dazu geschrieben: daß ich obdachlos bin, daß sie mir die Kinder weggenommen haben, daß ich zuwenig Sozialhilfe kriege . . . Was die Leute vielleicht interessiert. So daß sie einen Grund haben, mir was zu geben.

Auch den Brief von Kevin und das Bild, das er gemalt hat, habe ich dabei. Das alles lege ich vor mich auf den

Boden. Ich stelle den Plastiktopf daneben und warte. Ab und zu rauche ich eine Zigarette.

26.8.

Claire war vorher bei mir. Hat gefragt ob sie in das andere Bett einen Mann legen könnten. Ausnahmsweise. Nur für eine Nacht. Ich habe sie bloß groß angeguckt.

»Ist schon gut«, hat sie gesagt.

27.8.

Noch ganz verpennt zum Frühstück. Stefanie hatte schon Brötchen geholt. Und gespannt auf mich gewartet. Ob ich irgendwas von dem mitgekriegt habe, was gestern abend hier los war?

Habe ich nicht. Ich hatte mir ein paar Fluinop eingezogen, habe auf der Couch vor dem Fernseher gelegen und war ziemlich breit. Mein Portemonnaie war aus der Tasche auf den Boden gefallen. Jeder von den anderen hätte es abgreifen können.

Genau in dem Augenblick ist ein Neuer aus der NOX rübergekommen. Er hat mich gesehen. Und das Portemonnaie. Einer von den Idioten hat gerade die Hand langgemacht. Er hat ihn angepfiffen und das Portemonnaie neben mich gelegt. Dann hat er sich auf einen Stuhl gesetzt und mich nur noch stur angeglotzt.

»Mann, ist die niedlich! Wie ein kleiner Engel. Wie heißt die denn?« hat er Stefanie gefragt. »Und was macht sie?«

»Die macht das Härteste, was wir machen können«, hat Stefanie geantwortet, »wenn du Anschaffen und Raub mal wegläßt. Sie geht betteln.«

»Und wie lang bleibt sie noch hier? Hat sie 'nen Freund? Wo ist sie den ganzen Tag?«

Nach allem Möglichen hat er sie gelöchert. Und am Ende hat er gesagt: »Ich glaub', ich hab das Gefühl, ich muß ein bißchen auf sie aufpassen.«

»Ach ne. Und wie heißt der?« Jetzt hab ich Stefanie ausgefragt. »Und hat er ein Festbett, oder war er nur 'ne Notaufnahme?«

Christian heißt er. Er ist der, den Claire zu mir reinstekken wollte. Und er hat ein Festbett.

So nach und nach sind die andern beim Frühstück aufgetaucht. Und irgendwann ist auch dieser Christian im Tagesraum gestanden.

Er sieht ganz schön supergut aus, für meinen Geschmack. Lange braune Haare, helle blaue Augen, eine tätowierte Träne auf der Wange. Dazu eine Jeans mit einem Nietengürtel, ein schwarzes T-Shirt und Turnschuhe. Und im Gesicht ein freches Grinsen und irgendwas Brutales.

Er hat sich einen Stuhl rangezogen und direkt neben mich gesetzt. Ich wollte mir gerade Kaffee einschenken. Er hat mir die Kanne aus der Hand genommen und meine Tasse vollgegossen.

»Nimmst du Zucker?«

»Klar. Sechs Löffel.«

»Na, dann können wir den Kaffee doch gleich in den Zuckerpott kippen.«

»Haha. Sehr witzig«, habe ich gesagt.

Bin mir ziemlich bescheuert vorgekommen, aber er hat nur gegrinst. Dann hat er sich in aller Ruhe ein Marmeladebrötchen geschmiert, mich beim Essen immer angesehen und hinterher einen Joint gebaut. Er hat ihn mir weitergegeben und dann die Runde 'rum. So eine Art Einstand.

Wir haben noch eine ganze Zeit da gesessen und ein

bißchen gequatscht. Dummes Zeug hauptsächlich. Über den Abwasch, über die Fußballweltmeisterschaft im Juni, über die vielen Wespen, die es jetzt überall gibt. Er ist vor acht Wochen aus dem Knast entlassen worden. Sieben Monate, wegen Raub und Körperverletzung. Danach war er im Krankenhaus. Auch ein Abszeß.

Eigentlich finde ich den Typ ganz gut. Er wohnt im Viererzimmer. Und kriegt auch Pola. Zwölf Meter am Tag.

28.8.

Die gute Zeit ist vorbei. Heute haben sie mir eine Frau ins Zimmer gelegt. Cora. Ist 34. Ich mag sie nicht. Sie geht anschaffen und sieht auch ganz danach aus. Lange blonde Haare, natürlich gefärbt, mit Strähnchen. Neonbunte Leggins. Eine dreckige samtrote Seidenbluse. Schwarze Unterwäsche.

Als erstes hat Tamy ihr ein Desinfektionsmittel gebracht. Damit mußte sie sich duschen. Sie hat Läuse. Und Krätze auch.

29.8.

Christian. Sicher stellt sich bald raus, daß er auch nur ein Schwein ist. Oder ein Idiot. Aber im Augenblick finde ich ihn immer netter. Wir machen jeden Tag was zusammen, eigentlich ziemlich viel. Vormittags holen wir unser Pola, ich in der Ambulanz, er bei einer Apotheke in der Holstenstraße. Dann gehen wir in der Stadt spazieren. Wir setzen uns auf eine Bank, die Sonne knallt runter, an irgendeinem Obststand klauen wir uns einen Pfirsich. Wir rauchen einen Joint und albern einfach rum.

Gestern habe ich ihm ein Eis in den Kragen gesteckt. Er hat sich angestellt – ich hätte mich beinahe vollgemacht vor Lachen. Lange her, daß ich so gelacht habe.

Aber wir blödeln nicht nur. Wir reden auch über ernste Sachen. Reden und reden und reden. Mal der eine, mal der andere, dann beide durcheinander. Christian ist einer, der zuhört. Aber das ist es nicht nur. Er versteht mich, weil er in seinem Leben eine ähnliche Scheiße durchgemacht hat.

Erst habe ich befürchtet, daß es ihm auch um nichts anderes geht, als möglichst schnell über mich rüberzusteigen. Aber bisher hat er mich in Ruhe gelassen.

2.9.

Tolles Feuerwerk heute abend. Alstervergnügen. Bin erst auf die Kennedybrücke. Hunderttausend Leute überall. Viele besoffen. Habe Platzangst gekriegt. Bin gleich wieder nach Hause. Und sehe mir alles vom Fenster aus an. Riesenkrach, als ob Hamburg untergeht.

5.9.

Abends mit Jens und Elvira ins Kino-Center am Glokkengießerwall. »Familie Feuerstein.« Ich find Zeichentrickfilme niedlich. Trotzdem bin ich schon bei der Werbung eingeschlafen. Jens hat mich zum Film geweckt. Aber nach fünf Minuten war ich wieder weg.

6.9.

War im Jugendamt. Staffelt endlich zurück aus dem Urlaub. Ich habe mich erst mal über Bäcker und Kanter beschwert. Er hat sie natürlich verteidigt.

»Frau S.! Die Kollegen waren verpflichtet, etwas zu tun – so wie sich Ihre Situation offensichtlich zugespitzt hatte. Es mußte was passieren mit Ihren Kindern. Ich hab' Ihnen das selbst oft genug gesagt. Und auch klar genug.«

»Und jetzt wollen Sie mir die drei wegnehmen, damit Sie die Heime wieder voll kriegen, was? Darum geht es doch.«

»Kein Gedanke. Wir wollen Ihnen die Kinder nicht wegnehmen, und wir wollen sie auch nicht ins Heim stecken. Aber im Augenblick ist es die beste Lösung, daß sie bei Herrn Knoll sind. Wenn Sie in Ruhe überlegen, wissen Sie das selbst. Er ist ein guter Vater.«

»Was heißt ›im Augenblick‹? Wann krieg ich sie wieder?«

»Sie wollen doch nicht, daß sie auf der Straße leben, oder mit Ihnen ins Drob Inn ziehen? Wann die Kinder zurückkommen, hängt von Ihnen ab. Sie haben sich jetzt endlich dazu durchgerungen, ins Pola-Programm einzusteigen. Ziehen Sie das durch. Sie schaffen das!«

»Jaja, ich mach' das schon. Keine Sorge. Aber was ist jetzt?«

»Erstmal können Sie die Kinder jeden Montag- und Donnerstagnachmittag abholen. Und kümmern Sie sich um eine Wohnung. Am besten in einem anderen Stadtteil. Wenn das klargeht – substituiert und eine ordentliche Wohnung – kommen die Kinder zurück. Wir wollen sie Ihnen nicht wegnehmen. Wir wollen nur das Beste für sie.«

»Wie alle nur das Beste für mich wollten«

Am Tag, nachdem meine Mutter uns verbrüht hatte, sind wir weggelaufen. Wir haben uns in einem Nachbarhaus versteckt, die Leute haben die Polizei angerufen. Irgendwann sind zwei Bullen die Treppe hochgepoltert und haben uns mitgenommen auf die Wache.

»Nun sagt mal, warum seid ihr beiden denn weggelaufen?«

Immer wenn sie nicht hingesehen haben, hat Maren auffällig den Kopf geschüttelt: Ich sollte auf keinen Fall etwas sagen! Aber das war gar nicht nötig. Ich habe gedacht, wenn ich erzähle, was passiert ist, machen die Polizisten irgend etwas Ähnliches mit uns wie unsere Eltern. Ich habe fest den Mund gehalten.

Aber sie haben wohl doch einiges rausgekriegt. Jedenfalls sind wir in das Auffangheim in der Averhoffstraße gekommen. Maren und ich direkt von der Wache aus, die beiden Kleinen haben sie von zu Hause abgeholt. Von dort haben sie uns gleich weitergeschickt. Maren sollte nach Blankenese. Sie hat verzweifelt geweint. Stefan hat geschrien: »Mari«, ich: »Maren«, wir haben uns wie wild aneinander festgekrallt, weil wir nicht auseinander wollten.

Mich, Stefan und Ralf hat man nach Bad Harzburg gesteckt. In verschiedene Gruppen, aber ich habe jede Minute mit den beiden zusammen verbracht. Ich habe damals lange blonde Haare gehabt, bis zum Hintern. Sie haben mir einen Pott aufgesetzt und sie abgeschnitten. Außerdem haben sie uns gezwungen, dauernd durch die Gegend zu latschen. Wandern! Obwohl ich lieber bei den Kleinen geblieben wäre, weil sie alles waren, was ich noch hatte.

Einmal bin ich mit ihnen weggelaufen. Ralf auf dem Arm, Stefan habe ich gut zugeredet: »Lauf, Steffi, lauf!

Reiß dich zusammen, lauf!« Aber seine kleinen Beine haben nicht lange durchgehalten. Ich habe versucht, beide auf den Arm zu nehmen, aber dafür war ich nicht stabil genug. Wenn ein Polizeiwagen kam, haben wir uns in den Hecken versteckt. Aber weit sind wir natürlich nicht gekommen.

Der 16. Oktober 1973 war ein Donnerstag. Ich weiß es genau, weil donnerstags immer Freizeitgruppe war. Dann haben wir gekocht oder gebastelt oder einen Tanzkurs gemacht. Mittags haben immer alle zusammen in einem großen Saal gegessen. Eine Erzieherin ist zu mir gekommen: »Julia, du sollst nach dem Essen zu Tante Rosa.« Die Heimleiterin. Ach je, habe ich mir gedacht, haben sie mich wieder beim Rauchen gesehen.

Tante Rosa war ganz ernst:

»Julia, ich muß dir jetzt etwas Trauriges sagen: Deine Mutter ist tot.«

Sie war von einer Brücke runter vor einen Zug gesprungen.

Aber ich war mir sicher, daß es ganz anders war:

»Papa hat sie umgebracht!«

»Sowas darfst du nie wieder sagen, Julia, hörst du!«

Ungefähr eine Woche später hieß es, ich hätte Besuch. Ich bin runter. Mein Vater hat auf mich gewartet, zusammen mit Oma und Opa. Er hat versucht, mir einen Kuß zu geben, aber ich habe ihn angefahren: »Du Mörder!«

Seine Mutter ist total ausgeflippt:

»Das ist ja unverschämt. Wie kann sie nur sowas sagen?«

Ich bin rausgerannt. Opa ist hinter mir her, ich habe am Fenster gestanden und geweint und geweint. Er hat mich in den Arm genommen und lange mit mir geredet. Ich habe gefragt, wie alles wirklich war. Er hat gesagt, er würde mir alles erzählen, wenn ich erst mal ein bißchen älter wäre.

Opa war der einzige Mensch in meinem Leben, der mich verstanden hat.

Am gleichen Tag haben sie wohl verabredet, daß wir in andere Heime kommen. Nach den Weihnachtsferien sind meine Brüder in das Heim im Rönneburger Kirchweg umgezogen, ich in das am Eißendorfer Pferdeweg in Harburg. Nach einem Vierteljahr hat die Schwester meines Vaters die Jungs als Pflegekinder aufgenommen. Stefan war vier, Ralf drei Jahre alt. Vermutlich hat mein Vater reichlich Kohle kassiert, weil meine Tante keine Kinder kriegen konnte. Ich habe sie nicht mehr oft gesehen.

Mich hat keiner haben wollen. Ich habe mich einsam gefühlt und sehr unglücklich. Und bin nur noch weggelaufen. Schon damals habe ich in Schrebergärten übernachtet und Keller aufgebrochen. Mal bin ich nach Blankenese, mal nach Harvestehude, immer in Hamburg rum. Bald haben sie festgestellt, ich sei untragbar für den Eißendorfer Pferdeweg. Also: ab mit mir ins nächste Heim, nach Niendorf!

Aber auch da bin ich von Anfang an unterwegs gewesen. Die Polizei hatte eine Dauerfahndung nach mir laufen. Einmal waren sie wieder hinter mir her, schon so dicht, daß ich ihre Stimmen gehört habe. Ich bin vor einer zugewachsenen Böschung gestanden, ein richtig hohes, dichtes Brennesselfeld. Die beiden sind immer näher gekommen. Plötzlich habe ich mir einen Ruck gegeben und bin losgerannt, mitten in die Brennesseln hinein. Es war Hochsommer, ich habe nur eine kurze Hose und ein T-Shirt angehabt. Ein Gefühl, als ob ich in eine Feuerwand laufe und die Flammen den ganzen Körper verbrennen. Ich habe die Zähne zusammengebissen, mich hingelegt und keinen Mucks von mir gegeben. Der eine Polizist hat geguckt und geguckt:

»Ne, hier kann die eigentlich nicht sein, die hüpft doch nicht mit kurzen Hosen in die Brennesseln!«

»Glaub' ich auch nicht«, sagt der andere.

Und ich liege da. Hinterher habe ich auf der ganzen Haut Quaddeln gehabt, dicke geschwollene Dinger, wie eine Aussätzige habe ich ausgesehen.

An meinem zwölften Geburtstag hat es bösen Zoff gegeben. Ich hatte schon vor Wochen mit den Erziehern abgeklärt, daß Maren mich am 15. besuchen kommt und ich dann mit ihr weggehen darf. Und zwar länger als sonst, bis zehn oder halb elf. Glasklar war das, es hat sogar dick und fett im Erzieherbuch gestanden.

An dem Tag hat Frau Rüthje Dienst gehabt, die mich sowieso nicht ausstehen konnte. Wir hatten in der Nacht vorher mit ein paar Flaschen Schnaps gefeiert, am Morgen hatte ich auch schon was geschluckt und war ganz schön voll. Ich liege auf dem Bett, plötzlich steht die Rüthje in meinem Zimmer:

»Du glaubst doch nicht im Ernst, Mädchen, daß ich dich in dem Zustand in die Stadt gehen lasse. Wenn dir der Besuch deiner Schwester so wenig wichtig ist, daß du dich nicht mal dafür zusammenreißen kannst, bleibst du eben hier. Und zwar auf deinem Zimmer!«

An meinem Geburtstag.

Da bin ich ausgetickt. Ich habe ihr die Perücke vom Kopf gehauen. Die andern sind ins Zimmer gekommen und haben zugeschaut. Sie hat versucht, mir eine zu kleben. Ich habe mich geduckt und sie an die Wand geklatscht. Dann habe ich auf sie eingeschlagen wie blöde, ich habe überhaupt nichts mehr geschnallt. Aus meinem Zimmer raus, durch den Gruppenraum, über den Flur und die Treppe hoch, bis sie auf dem Boden gelegen hat. Dann bin ich weg.

Den Polizisten, die mich geschnappt haben, habe ich

gesagt: »Ihr braucht gar nicht Richtung Niendorf zu fahren. Ich geh' sowieso nicht zurück.« Sie haben mich auch nicht mehr genommen. »Untragbar«.

Diesmal haben sie mich nach Bergedorf geschickt, Heckkaten, eine richtige Villa mit vier Gruppen. Natürlich sollte ich in die Schule, wie immer, natürlich bin ich nicht hin.

Das Essen in Bergedorf war ein absoluter Fraß, richtiges Dump-Essen. In die Spaghetti-Soße haben sie alles reingeschnippselt, was während der Woche übriggeblieben war. Manchmal haben wir die Kübel umgekippt, wenn das Zeug auf die Gruppe kam.

Einmal haben wir eine richtige Revolte angezettelt. Wir haben die Möbel kurz und klein gehauen und am Haus alle Scheiben eingeschmissen. Nicht eine einzige war mehr heil. Aus zwei Wachen sind die Polizeiwagen angerast. Wir sind in alle Richtungen davon, aber sie haben uns alle gekriegt.

Zur Strafe sollten wir im Garten Bäume fällen. Natürlich habe ich mich geweigert: »Das ist Kinderarbeit, und die ist bekanntlich verboten. Außerdem habe ich Schmerzen in der rechten Seite und kann gar nicht arbeiten.« Der Heimleiter, Fritz hieß er, war auf hundertachtzig:

»Du lügst, wenn du den Mund aufmachst! Du willst dich bloß vor der Arbeit drücken, wie immer.« Aus Wut habe ich eine Couch angesteckt, die draußen herumstand. Sie haben es ewig nicht geschafft, sie zu löschen. Am Ende war die ganze Hauswand angekokelt. Noch mehr Ärger, wenn sie das rauskriegen, habe ich gedacht.

Am nächsten Tag sollte ich mit auf einen Schulausflug und hatte überhaupt keine Lust: »Ich kann nicht laufen. Meine rechte Seite tut so weh, daß ich schon das Bein hinterherziehen muß.« Aber ich mußte mit. Auf dem Weg bin ich umgekippt. Sie haben mich sofort ins Krankenhaus gekarrt, Notoperation, der Blinddarm war schon fast am Platzen.

Als sie mich entlassen haben, habe ich alle Trümpfe in der Hand gehabt.

»Was ist denn nun, Fritz, du alter Spinner, wer hat denn nun markiert? Säg deine Bäume doch selber ab, statt Kinder zu sowas zu zwingen. Aber wart nur, das hat noch ein Nachspiel.«

Ich hatte die Schnauze voll bis obenhin. Von dieser Bude, von allen Heimen, von sämtlichen Erziehern und von Erwachsenen überhaupt. Man konnte keinem trauen. Nie. Wenn ich einem mal etwas anvertraut habe, weil ich das Gefühl hatte, er ist in Ordnung – spätestens am nächsten Tag haben alle davon gewußt. So nach dem Motto: Wir wollen dir doch nur helfen.

Habe ich vielleicht einen darum gebeten?

7.9.

Jeden Tag fahren wir los, um unser Pola zu holen. Aber nicht nur. Wir sind auch scharf darauf, Leute zu sehen. Und mitzukriegen, was abgeht.

Komisch. Manchmal hab' ich die Szene am Hauptbahnhof oder am Hansaplatz so über gehabt, daß ich sie am liebsten in die Luft gesprengt hätte. Und jetzt gehen wir doch immer wieder da vorbei. Obwohl wir das bißchen Stoff, das wir brauchen, genausogut woanders besorgen könnten. Vielleicht aus einem ganz blöden Grund: weil die Leute einen kennen, wenn man kommt. Und man irgendwo dazugehört.

8.9.

Ganz schön schwierig, einen Arzt für eine Pola-Betreuung zu finden. Aber jetzt haben sie es geschafft. Er heißt Dr. Hambauer. Seine Praxis ist irgendwo Richtung Winsen.

Es gibt nur ein Problem. In nächster Zeit hat er überhaupt keinen Termin mehr frei. Anfang Oktober fährt er in Urlaub. Und im November kommt er erst zurück. Aber er will mich am 30. September noch treffen. Und entscheiden, ob er mich nimmt.

Bis dahin also weiter nur acht Meter Pola. Scheiße.

9.9.

Habe heute aus der Stadt zwei indische Tücher mit bunten Mustern mitgebracht. Die habe ich an die Wand gepinnt. Über die Blutflecken.

10.9.

Ich habe schon soviel Scheiße mit Männern erlebt. Immer hat sich rausgestellt, daß sie in Wirklichkeit ganz anders waren, als ich erst gedacht habe.

Bei Christian ist das nicht so. Da bin ich sicher. Er ist unheimlich lieb. Ich habe noch nie jemand gekannt, mit dem ich so lange reden konnte. Und über alles. Immer mehr erzähle ich, und immer mehr redet er auch über sich. Schlimme Sachen.

An seinem 14. Geburtstag haben sie ihn zum erstenmal verhaftet. Gerade mal eine halbe Stunde vierzehn, und schon saß er. Mit 14 hat er auch angefangen zu drücken.

Hat immer wieder gesessen. Einbruch, Raub, Körperverletzung. Auch als sein Vater gestorben ist, mit 48 an Herzinfarkt, war er im Jugendknast. Sie haben ihm zwei Erzieher mitgegeben zur Beerdigung. Handschellen hatten sie
dabei, haben sie ihm aber wenigstens nicht angelegt, als
sie auf den Friedhof sind.

Als er mal nicht im Knast war, hat er Gerüstbauer gelernt. War verheiratet. Ist auch schiefgegangen, wie bei mir.
Ein Schrott-Leben, wie bei mir.

Trotzdem. Seit ich ihn kenne, fühle ich mich sicherer.
Er läßt sich nichts gefallen, er nimmt sich alles, was er
will. Einige Leute in der Szene sind ganz schön sauer auf
ihn, habe ich mitgekriegt. Er kann brutal werden. Zu mir
ist er nett. So ein Lieber.

12.9.

Nach der Ambulanz sind wir zum Hafen runter. Haben uns
bei den Landungsbrücken auf eine Bank gesetzt und geguckt, was so passiert: die Touristen, die eine Hafenrund-
fahrt machen. Die Schlepper auf der Elbe. Die großen Pötte,
die auf der anderen Flußseite in den Docks liegen.

Ich habe Lust auf ein Eis gekriegt. Christian hat mir ein
weißes Magnum geholt, für sich eine Dose Bier. Haben
nicht viel geredet. War schön.

13.9.

Happy bis zum Geht-nicht-mehr. Gestern nacht ist es passiert. Wir haben zum erstenmal miteinander geschlafen.
Haben abends auf meinem Bett gelegen und rumge-
schmust. Dann sind wir unter die Decke. Ich habe Angst

davor gehabt, nach der Scheiße in Veddel. Aber dann wollte ich auch. Christian hat sich Zeit gelassen. Er war ganz lieb und zärtlich. Aber es kam auch voll gut.

Hinterher haben wir geschmust und rumgeblödelt. Zum Glück hat John vor zwei Tagen die dicken Packungen von meinen Armen abgenommen. Sex mit verbundenen Armen – das wär' mir zu bescheuert gewesen.

Christian hat unter die Decke geguckt und gelästert: »Du bist das Schönste, was ich je gesehen hab. Aber laß dir doch ruhig mal ein bißchen Fett auf die Rippen wachsen!« Alter Spinner. Echt powerlieb habe ich ihn.

Kurz bevor Cora zurückkam, ist er rüber in sein Zimmer.

14.9.

Abends wieder miteinander ins Bett. Danach haben wir Christians Tätowierungen angesehen. Er sieht aus wie eine Plakatsäule. Erst mal die Katzenaugen: die Augenlider sind in den Winkeln verlängert. Scharf, und irgendwie gefährlich, finde ich. Dazu eine Kunstträne auf der Wange. Auf den Fingern seiner rechten Hand steht H-A-S-S, auf denen der linken L-O-V-E. Auf jedem Finger ein Buchstabe. In der Handfläche hat er mal ein Auge gehabt, aber das kann man fast nicht mehr erkennen.

Auf dem einen Handrücken ist ein Hakenkreuz. Christian war auch eine Zeitlang Skin, hat er gesagt. Aber davon will er nichts mehr wissen. Auf dem anderen sind drei grüne Punkte. Verliebt, verlobt, verheiratet. Oder Liebe, Treue, Hoffnung. Wie man will. Auf dem rechten Arm steht eine Frau mit nacktem Busen. Den Namen kann man nicht mehr lesen. Sein Glück, ich hätte ihn rausgekratzt. Daneben ein Herz. Und ein angefangenes Pillhuhn.

Auf der Brust und dem Rücken ist ein wildes Durcheinander. Ein Playboy-Bunny, eine Fliege, ein Hai und der Vogel von Charly Brown aus den Peanuts. Daneben Spielkarten, ein Ottifant, ein kleiner Teufel, ein Fallschirm, ein Schwert, eine Wolke. Auch die Knastnummer: 1783845. Und eine Insel mit Palmen, eine Möwe und ein Hanfblatt.

»Und irgendwo an mir steht auch noch ›Deiner‹. Wo, das mußt du selbst rausfinden.« Schwein.

Ich fühle mich richtig nackt dagegen. Ich habe nur auf der rechten Brust ein T. Für Tanja. Und auf der linken ein K. Wie Kevin.

Irgendwann, als wir rumgealbert haben, ist Cora plötzlich in der Tür gestanden. »Ach so«, hat sie gegrinst. »Dann geh' ich halt noch Fernsehgucken.« Wenigstens das hat sie kapiert.

15.9.

Eigentlich ist das Leben im Drob harmlos und ganz angenehm. Niemand will einen erziehen, niemand fällt einem groß auf den Nerv. Bis auf nachts. Warum mischen sie sich ausgerechnet da ein?

16.9.

Wieder am Jungfernstieg. Eine Frau hat gefragt: »Würden Sie sich auch über ein paar abgelegte Kleidungsstücke freuen? Meine Tochter hat ungefähr Ihre Größe.«

Zwei Stunden später war sie wieder da. Mit zwei vollen Plastiktüten. Lauter tolle Klamotten. Rosa Jeans, und ganz normale blaue. Ein paar Sweatshirts von Marco Polo. Eine grün-lila gestreifte Bluse. Ein cremegelber Baumwollpulli, Esprit. Und eine häßliche alte Wildlederjacke. Die habe ich gleich unten in der U-Bahn in den Mülleimer gesteckt.

Christian gefallen die Sachen. Bis auf die Bluse. Kann ja nicht schaden, wenn wieder mal ein bißchen was zu meiner Mini-Garderobe dazukommt.

Abends ist er wieder zu mir ins Bett. Cora war um halb elf noch nicht da. Fünf Minuten danach hat Tamy reingeschaut.

»Christian, ab in dein Bett!«

»Er geht ja gleich«, habe ich gesagt. Nach 20 Minuten war sie wieder da.

»Los, ab jetzt, Christian. Rüber in DEIN Bett!«

Blöder Kindergarten. Aber man muß mitspielen, wenn man nicht rausfliegen will.

18.9.

Mir ist etwas klargeworden. Über uns beide. Wir halten es nicht lange in einem Raum aus. Wir sind nicht gern hinter Türen, die man abschließen kann. Wir müssen raus. Wir brauchen Luft.

Wie früher. Die schönsten Zeiten in meinem Leben waren die, wenn ich unterwegs war. Ob ich im Straßengraben gepennt habe oder Mohrrüben von irgendeinem Acker geklaut oder mir die Haare mit kaltem Wasser waschen mußte – wen hat das interessiert? Wichtig war nur, ich konnte weg. Raus. Dahin, wo niemand mir gesagt hat, was ich zu tun hatte.

Hauptsache unterwegs.

»Warum ich dauernd unterwegs war«

Aus Bergedorf bin ich immer öfter weg, immer weiter, und dann schließlich richtig. Mit Imke Dunk, meiner besten Freundin. Während einer Ferienfreizeit in Jütland hatten wir zwei dänische Jungs kennengelernt, Palle und Lars. Zu denen wollten wir, per Anhalter. Wir sind immer schnell weggekommen, auch an dem Tag, an der Auffahrt Hamburg-Stellingen. Schon nach ein paar Minuten haben zwei Typen angehalten.

»Wir fahren nach Kiel. Aber ist ja die gleiche Richtung.«

»Okay, wenn es dann nach Flensburg abgeht, laßt ihr uns einfach raus.«

Die beiden waren ganz nett, Ausländer, aus welchem Land haben wir nicht verstanden. Als wir zum erstenmal an einem Schild Richtung Flensburg vorbeigerauscht sind, haben sie uns beruhigt:

»Kommt noch zweite Abfahrt. Von da sind es nur ein paar Kilometer.«

Aber dann sind sie auf einmal von der Autobahn runter.

»He, was soll das, laßt uns gefälligst raus!«

Der am Steuer hat behauptet, er würde eine Abkürzung nehmen. Der andere hat nur gelacht. Wir sind stocksteif hintendrin gesessen und haben geraucht, damit sie uns die Angst nicht an merkten. Draußen war es dunkel, Lichter von Häusern hat man nur noch ganz selten gesehen. Dann waren wir da.

»Aussteigen«, hat der Fahrer gesagt. Es war ein Wohnheim für Männer. Im Zimmer der beiden haben ein paar rumgesessen, die haben sie rausgeschickt. Dann haben sie uns Schnaps eingeschenkt, und der eine hat angefangen, an Imke rumzufummeln. Als der andere zu mir rübergerutscht ist, habe ich angefangen zu toben und habe die Flasche gepackt.

»Ich schlag' dir den Schädel ein, wenn du mich anfaßt! Du mußt mich schon vorher umbringen.«

Sie haben mich zu zweit gepackt, über den Flur geschleppt, ins Klo geschleudert und von außen zugesperrt. Vielleicht nach einer Stunde haben sie mich rausgelassen. Imke hat auf dem Bett gelegen und fürchterlich geweint. Beide hatten sie vergewaltigt. Ich habe sie in den Arm genommen:

»Wenn wir hier draußen sind, fahren wir zur Polizei und zeigen die Schweine an. Scheiß auf das Abhauen! Das schaffen wir doch immer wieder.«

Nach einiger Zeit ist ein anderer Typ aufgetaucht:

»Kommt, ich fahr euch zur Autobahn zurück.«

Ich habe keinem mehr getraut. Das Auto war ein Viertürer. Ich habe mich auf den Beifahrersitz gesetzt, Imke nach hinten, dann habe ich meinen langen Schal um ihren und um meinen Hals gewickelt, so daß wir ganz fest verbunden waren. Der Typ ist losgefahren, aber nach ein paar Kilometern hat auch er angefangen:

»Autobahn ist gefährlich für junge Frauen, und Grenze ganz schwierig.«

Aber er könnte uns sicher durch den Zoll bringen – wenn wir mit ihm einen losmachen würden. Klar.

»Ich reiß' die Tür auf, wenn du nicht sofort anhältst«, habe ich ihn angebrüllt und habe den Türgriff in die Hand genommen.

Er hat gemerkt, daß ich es todernst meine und ist in die Klötze. Ich habe nach hinten gegriffen, damit er nicht mit Imke allein losfährt, habe den Schal abgerissen, gleichzeitig haben wir die Türen aufgestoßen, sind rausgestürzt, und er ist abgebraust.

Es hat gegossen wie blöde, in ein paar Sekunden waren wir naß bis auf die Knochen.

»Laß uns zur Polizei«, habe ich nochmal gesagt, »beim

nächstenmal schaffen wir auch den Rest.« Aber Imke hat sich zu sehr geschämt.

Eine halbe Stunde später hat eine Ente angehalten, am Steuer ein harmloser junger Typ mit einem roten Nikolausbart. Wir haben ihm eine wilde Geschichte aufgetischt:

»Wir sind unterwegs zu unserer Tante nach Dänemark. Dort sollen wir ein halbes Jahr zur Schule gehen und Dänisch lernen. Unsere Eltern haben uns erlaubt, daß wir trampen, als Belohnung für die guten Noten im letzten Zeugnis. In Hamburg hat uns ein LKW-Fahrer mitgenommen. Aber als wir an der letzten Raststätte aufs Klo sind, ist er mit unseren Rucksäcken auf und davon. Unser ganzes Geld mit drin. Wir sind einfach zu Fuß weiter. Wir wollen nämlich auf jeden Fall in Dänemark sein, wenn unsere Eltern ankommen, damit sie sich bloß keine Sorgen machen . . .«

Vermutlich hat er uns kein Wort geglaubt. Aber er hat uns nach Flensburg zum Bahnhof gefahren und sogar das Geld für die Fahrkarten gegeben.

Am nächsten Morgen sind wir mit dem Zug nach Jütland, zu Lars und Palle. Die Eltern haben sich ganz schön gewundert, als wir plötzlich an der Tür geklingelt haben. Aber wir haben behauptet, wir hätten vom Heim eine Erlaubnis, sie zu besuchen.

Nach einer Woche sind sie immer neugieriger geworden. Deshalb haben die Jungs uns in das Ferienhaus der einen Familie gebracht, am Strand, mitten in den Dünen. In den anderen Häusern rundum hat noch niemand gewohnt, nur am Wochenende mußten wir vorsichtig sein. Lars und Palle sind fast jeden Tag zu uns rausgekommen. Wir sind mit den Motorrädern durch den Sand gebrettert, Imke und ich haben uns hinten drauf gestellt und an den Jungs festgehalten. Richtige Zirkuskunststücke haben wir probiert, es war ein tolle Zeit, ein Vierteljahr oder ein halbes, so kommt es mir vor, wenn ich daran zurückdenke.

Ein Gefühl als hätte ich in einer sagenhaften Geschichte mitgespielt.

Dummerweise sind wir bei einem Ausflug in eine Kontrolle geraten. Ich hatte in meinem Ausweis rumgekritzelt und mich ein bißchen älter gemacht, das ist der ›Politi‹ aufgefallen. Sie haben uns zur Grenze gebracht, von da hat uns der Zuführdienst aus Hamburg abgeholt, zwei Typen vom Jugendamt, die ganz schön sauer waren, weil sie wegen uns so weit fahren mußten.

Im Heim waren wir die Größten. So lange auf Trebe! Aber ich habe nur geduscht, ein paar Sachen gepackt, am nächsten Tag war ich wieder weg.

Auch für Bergedorf war ich bald »untragbar«. Nächste Station: Feuerbergstraße. Ein geschlossenes Heim nur für Mädchen, mit Panzerglas und richtigen Zellen. Als sie mich abgeliefert haben, hieß es als erstes: Untersuchung beim Frauenarzt. Ein Typ, den ich noch nie gesehen habe, hat also vor, an mir rumzudaddeln. Von wegen.

Kurz bevor ich dran kam, habe ich eine Erzieherin gerufen: »Ich muß noch mal.« Sie hat aufgeschlossen, ich habe sie reingezogen, habe ihr ein paarmal das Knie in den Bauch gerammt, ihr die Schlüssel geklaut und alle Knöpfe gedrückt, daß die anderen Zellen aufgingen. Das war's dann. Mein kürzester Heimaufenthalt. 24 Stunden.

Wieder habe ich neue Gartenhäuser kennengelernt. In Wilhelmsburg, in einer abgelegenen Kolonie, habe ich mir eine Hütte gebaut. Aus Holz und Platten, die ich an anderen Lauben gefunden hab.

Dann bin ich bei einem Onkel von Imke auf St. Pauli gelandet. Der war 60 und blind und hat in einer Zweizimmerwohnung in der Feldstraße gewohnt. Erst war alles paletti. Er hat mir immer wieder erzählt, wie bei einem Unfall im Hafen ein Stahltau seinen Sehnerv durchtrennt hat. Ich habe für uns beide eingekauft. Er hat immer genau gewußt, wieviel Geld im Portemonnaie war und wieviel ich ausgegeben habe. Drei Wochen haben wir uns gut verstanden. Dann hat auch er versucht, mich zu begrapschen. Schon war ich weg.

Ich bin weiter, immer weiter weg, und schließlich ganz fort nach Italien.

In einer Spedition in Bergedorf bin ich unter die Plane eines Lastwagens geschlupft. Ein paar Dosen Cola habe ich dabeigehabt. Und ein Feuerzeug. Zu essen nichts. Nachts ist es saukalt geworden. Ich habe mich in alte Wolldecken gekuschelt und zwischen die Kartons gepackt. Lauter Elektrogeräte. Beim dritten oder vierten Halt war ich in Italien. Mit einem Riesenhunger.

Italienische LKW-Fahrer haben mich mitgenommen: »Bambini – so ganz allein auf der Straße.« Ein Dreivierteljahr habe ich dort drüben gelebt wie in einem Traum. Ich habe wundervolle Leute kennengelernt, Menschen, die gastfreundlich waren und sich um mich gekümmert haben wie noch nie jemand in meinem Leben. Ich bin von Dorf zu Dorf gezogen, ich habe in einem Bistro gearbeitet, ich bin mit der Gondel gefahren, ich war in Rom in den Ruinenstädten und habe mir alles zeigen lassen. Ich habe in einer wunderbaren Welt gelebt, und ich habe Erinnerungen daran, die mir nie mehr jemand nehmen kann. Kein einziges Mal haben sie mich erwischt, ich habe die Carabinieri immer rechtzeitig gesehen, habe mich versteckt oder am Strand einfach zu Urlaubern gelegt, die Kinder hatten. So als ob ich dazugehörte.

Auf dem Land bin ich Paolo und Gianina begegnet. Es war in einer traumhaften Gegend mit vielen Höfen, alte Ochsenkarren sind über die Straßen gerollt, auf den Wiesen haben Kühe geweidet und neben den Kornfeldern ist roter Mohn gewachsen. Paolo hat einen Bauernhof gehabt und war zu mir, wie man sich einen richtigen Vater vorstellt. Ein durch und durch lieber Mensch. Ich hatte mich auf einer Wiese ausgeruht, da ist er vorbeispaziert, hat mich reingeholt und mit seiner Frau geredet. Sie haben beschlossen, mich zu behalten. Und sie haben mich behandelt wie ihre eigene Tochter Gianina.

Gianina ist zu meiner Schwester geworden, viel netter als meine wirkliche Schwester je gewesen war. Ich habe beim Melken geholfen und beim Ausmisten, mittags hat es Spaghetti gegeben und manchmal auch Pansen, aber den habe ich nicht angerührt. Ich habe im Zimmer von Gianina geschlafen, tagsüber haben wir zusammen rumgetobt und gespielt, ich durfte dort richtig Kind sein, so, als ob ich noch ganz klein wäre.

Aber dann mußte Gianina heiraten, ich bin wieder weggefahren, zurück über die Grenze und habe mich schnappen lassen.

Ich weiß nicht, warum ich zurück bin. Die Welt von Italien war für mich eine herrliche Welt. Die schönste, in der ich in meinem Leben je gewesen bin. Italien, das ist wie ein Märchen für mich. Auch heute noch.

19.9.

Soviel fällt mir jetzt ein, was in meinem Leben passiert ist. Daran ist Christian schuld. Er will einfach alles wissen. Aber das ist es nicht nur.

Auf einmal habe ich Zeit, an so etwas überhaupt zu denken. Es hat mit dem Pola zu tun. Natürlich sind die acht Meter viel zuwenig, und ich drücke noch nebenbei. Aber die acht habe ich sicher, ohne daß ich mich darum kümmern muß. Das ist gut. Der Streß ist weniger geworden: Wo kriege ich Kohle für das nächste Päck-

chen her? Bei wem kann ich jetzt noch Stoff kaufen?
Wer gibt mir was auf Kredit? Wie lange halte ich noch
durch?

Seit ich hier bin, ist die Angst vor dem Affen nicht
mehr so riesig wie vorher. Ich habe nicht mehr dauernd
nur Heroin im Kopf. Mehr Platz für andere Sachen.

20.9.

Christian ist zu seinem Sozialarbeiter. Ich bin nicht mit,
sondern allein zum Bahnhof. Habe Willi getroffen, der in
schwarzem Leder und mit Strohhut rumläuft, seit ich ihn
kenne.

»Sag mal, stimmt das, daß du jetzt mit diesem Christian
zusammen bist, der gerade aus dem Knast gekommen ist?«
fragt er mich.

»Ja, wieso, warum willst du das wissen?«

»Überleg dir das gut. Der tickt nämlich nicht richtig.
So, wie der die Leute abzieht, ist das nicht normal. Niemand will was mit ihm zu tun haben. Er braucht sich nicht
zu wundern, wenn er früher oder später mal ein Messer
zwischen die Rippen kriegt. Sei bloß vorsichtig, wenn du
mit ihm zusammenbleibst.«

Ich habe Christian natürlich verteidigt. Vielleicht war
er früher mal so. Aber jetzt hat er sich geändert. Das steht
fest.

22.9.

Haben die Kinder von Susi und Theo abgeholt. Christian
hat am Bahnhof in Veddel gewartet. Auf dem Weg dorthin
habe ich ihnen erzählt, daß heute jemand mitkommt zu

Planten un Bloomen. Jemand, den ich ihn sehr, sehr lieb-habe. Und sie sollten ihn auch mögen.

Christian war am Anfang ein bißchen unsicher. Er hat rumgestanden und hat nicht so recht gewußt, was er tun soll. Dann hat er Tanja und Lena die Hand gegeben und Kevin übers Haar gestreichelt. Der hat das überhaupt nicht gemocht und hat den Kopf weggezogen. Tanja und Lena haben fast gar nicht mit Christian geredet. Kevin hat ge-sagt: »Eigentlich mag ich dich ja. Aber du hast so eine blöde Stimme.« Zu tief, war er nicht gewohnt.

In Planten un Bloomen hat er aber dann doch mit ihm gespielt. Auf der Plastikrutsche. Christian war ziemlich ungeduldig, wenn Kevin oben getrödelt hat. Und er unten warten mußte. Man merkt, daß er noch nicht oft mit Kin-dern was gemacht hat.

Ich habe mich mit Tanja und Lena auf eine Bank ge-setzt und ihnen erzählt, daß ich jetzt Pola kriege und bald endgültig runter bin vom Gift.

»Wenn die Zeit im Drob zu Ende ist, suchen wir eine Wohnung. Irgendwo in einer anderen Gegend von Ham-burg. Dann holen wir euch alle drei zu uns.« Arg begei-stert waren sie nicht, hatte ich den Eindruck.

»Ach, Mama«, hat Tanja geseufzt. »Warten wir erst mal ab.« Manchmal kommt sie mir vor wie eine große Schwe-ster. Und manchmal könnte ich sie auf den Mond schie-ßen.

23.9.

Frühstück, Amt erledigen, Treppe runter, raus zur Tür, Hauptbahnhof, S-Bahn Richtung Altona, Pola . . . allmäh-lich kommt es mir so vor, als ob es das Normalste der Welt wäre. Manchmal wünsche ich mir, es würde ewig so weitergehen. Manchmal denke ich, ich würde mich zu Tode langweilen.

Im Drob ändert sich nicht viel. Heute ist ein Neuer gekommen, Jürgen. Stefan ist ausgezogen. Seine acht Wochen waren vorbei. »Tschüs, mach's gut. Man sieht sich.« Mehr ist nicht. Und man sieht sich tatsächlich. An der Sternschanze oder in der Kirchenallee. Oder sonst irgendwo. Ob man will oder nicht.

24.9.

Wieder über meine Kinder gesprochen. Christian sagt, er mag sie. Vor allem Kevin. Bei den andern dauert es halt länger, meint er. Er drängt sich nicht auf. Aber ein bißchen eingeschnappt war er.

Er will unbedingt auch Kinder haben. Und zwar fünf, sechs, sieben, sagt er. Mit mir. Er ist ein Verrückter, ein Spinner. Ich weiß allerdings gar nicht, ob er es ernst meint. Mir sind drei Kinder eigentlich genug. Aber verhüten? Es kommt, wie es kommt.

Heiraten will er mich auch, sagt er.

Auf jeden Fall bleiben wir zusammen. Auch nach dem Drob. Christian ist der Traummann meines Lebens. Und er liebt mich wahnsinnig, da bin ich sicher. Wir suchen uns eine Wohnung, Christian arbeitet als Gerüstbauer. Die verdienen nicht schlecht, und ich kann mich um die Kinder kümmern.

Nur: In zwei Wochen muß ich raus aus dem Drob. Meine acht Wochen sind zu Ende. Christian hat dann noch drei übrig. Wo soll ich hin? Gehe ich in meine Wohnung, ist Mubak zwei Tage später wieder da. Hotel? Nie. Aber wieder auf die Straße?

Christian sagt, das kommt überhaupt nicht in Frage.

Das läßt er nicht zu. Ihm wird schon noch was anderes einfallen.

Da bin ich aber gespannt.

25.9.

Hat gekracht zwischen Christian und mir. S-Bahnhof Holstenstraße. Auf einmal habe ich Marc gesehen. Er hat mir schon öfter was vorgestreckt, ich finde ihn ganz nett. Wir haben uns umarmt. Das war alles. Hinterher ist Christian fast ausgeflippt.

»Laß bloß die Finger von dem, sonst geb' ich euch beiden gewaltig was auf die Fresse. Ich hau' ihn in den Boden.« Und lauter solches Zeug. Wir haben uns mitten auf der Straße angebrüllt. Dann ist jeder in eine andere Richtung davon. Am Hauptbahnhof haben wir uns wieder getroffen. Wir haben uns angegrient.

»Schatz, du bist ein Riesenspinner«, habe ich gesagt. Und alles war wieder gut.

Christian rastet unheimlich schnell aus. Das habe ich schon ein paarmal erlebt. Aber ich lasse mir genausowenig von irgend jemand was gefallen. Auch von ihm nicht.

26.9.

Waren die ganze Nacht zusammen. Christian war abends bei mir. Cora wieder nicht rechtzeitig da. Claire hat geklopft. Die übliche Leier: »So, Christian, jetzt verschwinde mal allmählich auf deine Bude.« Aber ein zweites Mal ist sie nicht gekommen. Wir haben die ganze Nacht in einem Bett gepennt. Bequem nicht. Aber schööön.

27.9.

Christian ist fix und fertig. Kocht aber auch vor Wut. Er wollte für mich eine Überraschung zaubern. Und hat in die Scheiße gegriffen.

Vor zwei Tagen ist er zu einem Autohändler nach Poppenbüttel. Der hatte einen Wohnwagen stehen. Tausend Mark hat er verlangt. 200 Mark Anzahlung, den Rest in vier Raten. Christian hat 180 mitgehabt. Er war einverstanden. Das alles natürlich streng geheim. Mir hat er nichts erzählt.

Heute ist er mit einem Freund hingefahren. Sie wollten den Wagen abholen und bei dem Freund unterstellen. Bis er einen endgültigen Platz gefunden hat. Der Wagen war nicht mehr da. Der Händler hat sich doof gestellt.

»Klar, den hab' ich verkauft.«

»Und meine Anzahlung?«

»Welche Anzahlung?«

»Die 180 Mark.«

»Welche 180 Mark?«

»Mensch, ich hab' für den Wagen 180 Mark abgedrückt. Das weißt du genau.«

»Du mußt verrückt sein, hast du einen Kaufvertrag?«

Natürlich nicht. 180 Mark zum Fenster raus.

1.10.

Gestern zum erstenmal bei Dr. Hambauer.

Mit dem Bus Richtung Winsen. Es dauert eine ganze Weile, bis man da ist. Hambauer ist ein netter Mann. Mitte 30, größer als Christian, glattes Gesicht und kurze braune Haare. Sieht ganz gut aus, richtig sportlich durchtrainiert.

Ich habe ihm die ganze lange Geschichte erzählt. An

manchen Stellen hat er nachgefragt und sich was aufgeschrieben. Er hat sich mehr Zeit genommen als alle Ärzte,
bei denen ich bisher war. Am Ende hat er gesagt:

»Sie haben es ja alles andere als einfach in Ihrem Leben, Frau S. Aber Sie schaffen es. Ich übernehme Sie.«

Meine Pola-Dosis konnte er nicht erhöhen. Offizieller
Patient werde ich erst, wenn er aus dem Urlaub zurück-
kommt. Aber ich soll mir keine Sorgen machen, meint er.
Die Leute in der Ambulanz wissen, daß ich mit acht Meter
nicht auskomme. Sie werfen mich nicht aus dem Programm.

»Und ab 1. November packen wir die Sache ernsthaft
an.«

4.10

»Maus, kommst du mit nach Poppenbüttel?« sagt Christian heute morgen. Er wollte mir was zeigen. Überraschung!
Er kommt ja aus Poppenbüttel.

Mit der S 1 sind wir von Sternschanze nach Poppenbüttel gefahren. Eine gute halbe Stunde. Aber er hat nicht
rausgerückt, um was es geht. ›Vielleicht hat er ja eine
Wohnung gefunden‹, habe ich heimlich gehofft.

Vom Poppenbütteler Bahnhof sind wir zu Fuß zum Al-
stereinkaufszentrum. Ein weißer Klotz mit allen möglichen Geschäften. Ein Pro-Markt ist drin, Budnikowsky und
Blume 2000. Am größten ist der Kaufhof. Vom Parkdeck
führt eine schmale Brücke über die Straße in ein kleines
Wäldchen. Für Fußgänger und Fahrradfahrer. Wir sind
runter, ins Gebüsch. Christian sagt »Augen zu!« und nimmt
mich an der Hand. Wir gehen zwischen Bäumen durch.
»Jetzt darfst du die Augen wieder aufmachen. Unser neues Zuhause!«

Ich habe ziemlich blöd geglotzt. Wir waren unter der Brücke. In dem Winkel zwischen Beton und Erde ist ein kleiner offener Raum. Vorn kann man noch stehen. Hinter dem Stützpfeiler wird es ganz niedrig. Höchstens einen Meter hoch. Links und rechts wachsen Büsche. Man ist gegen Blicke geschützt, auch wenn die Straße bloß zehn Meter weiter weg ist.

Christian hat sich gefreut wie ein Kind. Er hat hier oft geschlafen, wenn er abgehauen ist. Niemand kennt die Ecke, niemand kommt hierher.

»Wir sind ganz für uns. Natürlich machen wir es uns viel gemütlicher. Aber bis wir was Richtiges finden, haben wir auf jeden Fall ein Dach über dem Kopf.«

Ich fand es nicht ganz so riesig. Wohnen im Wald ist nicht unbedingt das, was ich mir erträumt habe.

»Und dann soll ich wohl drei Wochen lang allein hier runterkriechen, während du im warmen Bett im Drob rumschnarchst. So stellst du dir das vor?«

»Nein, Schatz, so stell' ich mir das nicht vor.« Dann hat er seinen Vorschlag gebracht. Er will mir von seinen restlichen drei Wochen Drob die Hälfte abgeben. Wir bleiben beide gleich lang. In der Zeit machen wir den Raum unter der Brücke fertig. Und ziehen dann zusammen dorthin.

Ich hab' fast geheult. So was hat noch nie jemand für mich getan. Vielleicht wird es sogar ganz witzig. Hier unten ganz allein rumzukuscheln. Ohne daß jemand zur Tür reinglotzt.

Wir sind wieder rüber ins AEZ. Eine große Halle, wie in einem Bahnhof, alles Glas und Alu und Rolltreppen. Die Fußböden sind aus glattem Stein und topsauber. Es gibt einen H&M-Laden und ein paar andere Klamottengeschäfte, einen Italiener, »La Pasta«, und ein Café. ›Frühstücksgedeck 5,50. Zwei halbe belegte Brötchen, Orangensaft und Kaffee.‹ Vielleicht frühstücken wir ja mal hier, wenn wir Lust haben.

6.10.

Gestern war Christian bei Tamy und hat gefragt, ob die Betreuer einverstanden sind, daß er seine restlichen drei Wochen halbiert und mir die Hälfte abgibt.

Sie haben es im Team besprochen. Es geht nicht, sagen sie. Wegen der klaren Regeln. Wenn sie mit Ausnahmen anfangen, müssen sie bei den nächsten auch welche machen. Blablabla. Wir waren beide ziemlich sauer. Wenn ich nicht hierbleiben kann, geht er auch, hat Christian gesagt. Und pfeift auf die drei Wochen, die ihm noch zustehen.

Am Abend hat Otmar, der Zivildienstleistende, ihn angelabert.

»Christian, diese Frau ist nicht richtig für dich. Sie ist zu labil. Sie zieht dich wieder runter. Leb dein eigenes Leben!«

Dieser junge Schnösel. Christian hätte ihm fast die Fresse poliert. Mit mir wollte Claire reden. Aber ich habe keinen Bock mehr gehabt. Habe ihr nur gesagt, daß ich mit Christian gehe. Den einen Tag, den ich noch guthabe, könnten sie sich sonstwohin stecken.

Heute nachmittag haben wir unsere Sachen gepackt und sind los. Jetzt trinken wir noch einen Kaffee, oben auf der Galerie im Hauptbahnhof. Gleich geht es los. Direkt nach Poppenbüttel.

Unter der Brücke

7.10.

Spät hier angekommen. War nicht mehr viel zu sehen. Haben uns einfach in ein paar alte Wolldecken gewickelt, in denen Christian früher gepennt hat. Er hatte sie in einer Tüte hiergelassen. Haben ein bißchen muffig gerochen, aber Schimmel war keiner dran.

Nachts haben wir ziemlich gebibbert. Nicht gut geschlafen. Der Boden war wie Beton. Dauernd habe ich irgendwelche Geräusche im Wald gehört. Mäuse oder Eichkätzchen wahrscheinlich. Aber es klang eher wie Schlangen oder Panther.

Heute haben wir den ganzen Tag geschuftet. Jetzt sind wir fix und alle. Erst haben wir den Müll rausgeschmissen, den Christian zurückgelassen hat. Leere Bierdosen, ein Hamburger Abendblatt von 1993, versiffte adidas-Turnschuhe und eine Styroporschachtel von McDonald's. Dann habe ich mit einem alten T-Shirt Blätter, Zweige und Zigarettenstummel zusammengewedelt, den ganzen Kleinkram. Bis die blanke Erde übrig war. Hellbraun, steinhart. Scheinbar ewig nicht mehr naß geworden. Läuft wohl kein Wasser hier runter, auch wenn es draußen gießt wie aus Kübeln.

Christian ist rüber zum Einkaufszentrum. Auf dem Lieferantenparkplatz hat der Hausmeister Schrott aufgestapelt. Eine alte Deckenverkleidung. Graue Bleche, jedes einen halben Meter breit und einen halben Meter hoch.

Als er rein ist, hat Christian ein paar von den Dingern geholt. Wir haben sie links und rechts als Wände aufgestellt und festgeklemmt. Von außen fallen sie gar nicht auf, weil Büsche davorstehen. Wenn man drin ist, fühlt man sich wie in einer Höhle.

»Eins muß klar sein, Schatz«, habe ich gesagt. »Auch wenn ich im Wald schlafe, will ich nicht auf den Hund kommen. Ich will nicht stinken, ich will keine Flöhe und keine Läuse. Ich will, daß wir es sauber haben, so gut wie möglich. Und ein bißchen gemütlich.«

Im Kaufhof haben wir ein Stück Plastikplane und ein paar blaue Müllsäcke gekauft. Die Plane haben wir auf den Boden gebreitet und an den Ecken mit Steinen beschwert. Darauf haben wir die Wolldecken gelegt.

Langsam ist es dunkel geworden. Hier drin. Draußen war Dämmerung. Ich habe eine Kerze angezündet. Christian ist raus und hat kontrolliert. Kein Fünkchen Licht auf der Straße zu sehen. Haben uns zwischen die Decken gepackt. Die Kerze flackert, wir teilen uns eine Tüte Smarties. Ich trinke Erdbeermilch dazu, Christian ein paar Dosen Bier. Es ist ganz schön. Auch ganz schön kühl, wenn man die Nase rausstreckt. Aber ich weiß schon, wie wir warm werden. Und wie wir unser neues Zuhause einweihen.

8.10.

Gestern abend, als wir die Kerze ausgeblasen hatten, war's noch sehr schön. Prima Anfang. Heute morgen wären wir gern länger liegengeblieben. Aber wir mußten zur Ambulanz. Die macht um 12 Uhr zu.

Haben die Decken zusammengefaltet und in die Müllsäcke gesteckt. Vor den Eingang eine große Pappe gestellt. So kommen keine Tiere rein. Und man sieht nicht auf den ersten Blick, was dahinter ist. Waren rechtzeitig da. Hinterher zum Jungfernstieg. Brauche Geld für Schore. Halbes Gramm pro Tag ist ganz gut. Ein Fuffi, Sonderpreis für treue Kunden. Manchmal auch ein ganzes.

9.10.

Aufgewacht, weil Christian neben mir gestöhnt und geschrien hat. Ganz furchtbar. Habe Riesenangst gekriegt. Ihn wachgeschüttelt. Er hat mich angesehen wie irre.

Heute früh mußten wir nicht los. Sonntag. Ich habe ihn gefragt, was los war, heute nacht. »Nichts Besonderes. Hab' halt manchmal Alpträume«, hat er in sich rein gemurmelt. Aber dann hat er doch erzählt, woher sie kommen. Als er klein war, hat ein Mann ihn vergewaltigt. Mehrmals.

Mir ist schwindlig geworden, und kotzübel. Also er auch. Dann habe ich ihm zum erstenmal von Dirk Jensen erzählt. Und warum ich ihn ein Leben lang hasse.

Julia erinnert sich:

»Warum ich Dirk Jensen ein Leben lang hasse«

Dirk Jensen hab ich 1978 kennengelernt. Als ich in Schwanenwiek war. Schwanenwiek ist eigentlich nur ein Übergangsheim, aber ich hab dort zehn Monate gewohnt. Die Heimleiterin hat mir eine Ausbildung zur Kinderpflegerin vermittelt. Jeden Morgen bin ich zum Säuglingsheim im Südring, und hab von acht bis dreizehn Uhr geschuftet.

Ich habe die Kinder gewickelt, gefüttert, schlafen gelegt, habe mit ihnen gespielt und sie spazierengefahren. Zehn Kinder waren in der Gruppe, von zehn Monaten bis zu zwei Jahren. Die Arbeit hat mir gefallen, kleine Kinder habe ich immer gern gemocht. Außer mir waren noch drei Frauen zuständig. Mit Dunja bin ich prima klargekommen, Rosa und Frau Wagner habe ich gehaßt. Sie haben die Kinder zum Essen gezwungen. Als einer der Jungs mich mal ›Mama‹ genannt hat, hat die Wagner ihn gepackt und angekeift: »Du hast keine Mutter.« Hat mir sehr weh getan. Insgesamt aber hat es mir Spaß gemacht. Außerdem habe ich Geld verdient, 400 Mark alle zwei Wochen.

In der Zeit habe ich Dirk Jensen zum erstenmal getroffen. Ab und zu haben andere Heime uns zu ihren Festen eingeladen. Einmal waren wir auch in Wulfsdorf. So eine Art Vor-Knast, in den sie die Jungs gesteckt haben, mit denen sie gar nicht mehr fertiggeworden sind. »Untragbare«. Es gab eine Disco, die Typen sind lässig rumgestanden, einer hat immer zu mir rübergeglotzt mit seinen blauen Augen. Er war größer als ich, ziemlich blaß und hat dunkle glatte Haare gehabt. Besonders toll habe ich ihn erst nicht gefunden. Dann ist er rübergekommen und hat mit mir gequatscht. Dirk hieß er und war drei Jahre älter als ich. Die anderen haben mich beneidet. »Der sieht doch klasse aus, Julia. Wenn du nichts mit ihm anfängst, fick' ich mit ihm.« Küssen lassen habe ich mich. Mehr nicht.

Auch Schwanenwiek ist mir bald auf den Nerv gegangen. Darum bin ich meistens wieder weg. Ich gehörte zu einer richtigen Clique: Heiko und Albert, meine Schwester Maren und ihr Mann Jo, Cato, Dirk, und auch einen Schäferhund hatten wir, Tasso hieß er. Einer, Rudi, hat schon eine eigene Zweizimmerwohnung in Altona gehabt. Wir anderen sind aus den Heimen abgehauen und bei ihm untergekrochen.

Eines Tages ist auch Dirk Jensen dort aufgekreuzt. In einem geklauten Simca. Er hat mir eine dünne Goldkette geschenkt, und wir sind ein bißchen durch die Gegend gegondelt. Danach war ich durch den Wind. Schwer verknallt. Ich war 16, und bis dahin hatte mich noch nie jemand geliebt. Meine Brüder waren zu Pflegeeltern gekommen. Auch meine Schwester hatte irgendwelche Leute gefunden. Nur ich war allein. Manchmal bin ich mir vorgekommen wie ein altes Sofa, das in der Ecke steht und Platz wegnimmt und das eigentlich keiner haben will. Und jetzt kommt einer, den alle toll finden. Und findet mich toll.

Von da an ist Dirk Jensen fast jeden Tag gekommen. Er hat mir immer was mitgebracht und jeden Wunsch von den Augen abgelesen. Nach drei Wochen ist er dageblieben. Ich habe mit ihm geschlafen. Der erste Mann. ›Besonders super ist es nicht‹, habe ich gedacht. Aber es war die Liebe. Dirk hat mir alles besorgt, was ich haben wollte: Goldringe und Pelze, Lederjacken und Turnschuhe, er hat alles irgendwie rangekriegt. Klar, daß ich sicher war: Es ist die Liebe.

Die Jungs haben Nacht für Nacht Autos geklaut. Wir dabei. Immer nur Simca. Wir waren spezialisiert auf Simca und riesig stolz, weil jeden Tag irgend etwas über uns in der Zeitung gestanden hat.

In der Wohnung ist es zugegangen wie auf einem irren Bahnhof: Der eine hat Korn gesoffen wie Wasser, ein paar haben im Bett gelegen und rumgehüdelt, einer hat gedrückt, ein anderer Hasch geraucht und jede Menge Tabletten dazu eingeschmissen. Morgens, nach dem Aufwachen haben wir damit angefangen. Echt geile Zeit. Aber auch alles ein bißchen kraß. Bis es eines Morgens geklingelt hat. Und die Bullen zur Tür reingestürmt sind. In der Nacht hatten sie Dirk erwischt, wie er gerade einen Wagen kurzgeschlossen hat. Die ganze Sache ist aufgeflogen. Sie haben ihn nach Hahnöfersandt gesteckt in den Jugendknast.

Mich hatte eine Frau vom Jugendamt in der Mundsburg schon lange auf dem Kieker, eine von den höchsten Jugendamts-Mackerinnen. »Na gut, Mädchen, wenn du überall untragbar bist, mußt du eben nach Bremen-Oberneuland«, hat sie gesagt, »oder nach Eppendorf in die Jugendpsychiatrie.« Ich hab' einmal mit einem Mädchen gesprochen, das in Bremen-Oberneuland war. Der reine Knast! Die Mauer außen rum mit Glasscherben gespickt. Und darüber Stacheldraht. Außerdem werden die Mädchen gedopt, mit Haloperidol, damit sie nicht durchdrehen. Wäre ich da gelandet, hätte ich heute einen weg!

Mein Vormund sollte entscheiden, was wird. Er hat mich nach Eppendorf geschickt. Die Gruppe war im achten Stock, und sie hatten wirklich die letzten Krücken versammelt. Einer ist den ganzen Tag an der Wand lang getigert, immer im Viereck. Ein Mädchen hat an seelischen Komplexen gelitten, weil sie einen künstlichen Darmausgang gehabt hat – lauter Verrückte, lauter Spinner, ich bin fast durchgedreht.

Mich haben die Betreuer von Anfang an nicht gemocht. Schon in der ersten Minute hat es Ärger gegeben, weil ich meine Anlage mitgebracht habe, obwohl das verboten war. »Was regt ihr euch auf, ich hör' doch über Kopfhörer.« Egal, die Regeln.

Jeder hat eine Bezugsperson gehabt. Meine, Hauke, war ganz in Ordnung. Aber Conny, die Psychologin, war eine schreckliche Frau. Den ersten Tag bin ich zu ihr:

»Nun, Julia, du bist sicher froh, daß du mal in Ruhe loswerden kannst, was dich bedrückt. Laß alles los, was sich in dir angestaut hat. Erzähl mir, wie es dir geht, wovor du Angst hast, was dir Sorgen macht. Ich bin nur dazu da, dir zuzuhören . . .«

»Bist du nicht ganz dicht? Wie käm' ich dazu? Ich kenn'
dich doch überhaupt nicht. Ich kann dir doch nicht einfach
mein Leben erzählen. Ich muß dich doch erstmal kennen-
lernen.«

Klar, was sie in ihren Bericht schreibt: »Julia S. stellte
sich von Anfang an quer.«

Abends mußten wir uns zusammensetzen und erzählen,
was wir den ganzen Tag gemacht haben.

»Was wollt ihr wissen? Wann ich heute morgen das erstemal auf dem Klo war? Das ist vielleicht eine Neuigkeit,
aber auch die einzige. Ansonsten machen wir hier jeden
Tag dasselbe.«

»Du hast also das Gefühl«, sagt Conny, »daß dein Ta-
gesablauf sich ewig wiederholt.«

»Wieso, hab' ich nicht recht? Natürlich. Ihr habt doch
alle einen an der Marmel. Ihr müßtet hier sitzen, nicht wir.
Was sollen wir denn jeden Tag erzählen? Daß wir gemalt
haben? Prima. Daß wir gebastelt haben und beim autoge-
nen Training waren? Das müssen wir jeden Tag. Jeden Tag
gibt's um die gleiche Zeit Frühstück, Mittagessen. Abendessen. Wollt ihr auch noch wissen, wann?«

Dann haben sie behauptet, daß ich den Jungs den Kopf
verdrehe. Und daß ich die Tabletten nicht nehme, die sie
mir verschreiben. Und haben mich rausgeschmissen. Ich
war richtig erlöst und durfte wieder zurück nach Schwanenwiek.

Jeden Sonntag bin ich nach Hahnöfersand gefahren und
habe Dirk im Knast besucht. Mit der S-Bahn nach Altona.
Von da mit dem 150er Bus bis Cranzer Elbdeich. Meistens
waren noch mehr Frauen im Bus, die in den Knast wollten. Wir sind umgestiegen in den gelben Haftbus, haben
unseren Ausweis und den Passagierschein vorgezeigt.
Dann ging's rüber auf die Insel.

Eine Stunde war Zeit. Immer ein Beamter mit im Zimmer. Manchmal habe ich einen Blumentopf mitgebracht. Fest eingepflanzt, weil sie kontrolliert haben, ob die Erde lose war. Die Kohle war in den Wurzeln. Oder ich habe meine Zigaretten am Schluß liegen lassen. Mit Geld hinter der Alufolie.

Dirk hat bis Anfang '79 gesessen. Als er rauskam, habe ich ihn nicht wiedererkannt. Wir haben miteinander geschlafen – und wie aus heiterem Himmel drischt er mit den Fäusten auf mich ein, mitten ins Gesicht. Er war nicht betrunken und hatte nichts genommen. Hat es nur auf einmal geil gefunden, jemand zu prügeln. Wäre jetzt höchste Zeit gewesen, mich von ihm zu trennen. Aber ich bin nicht losgekommen. Und auf einmal war ich schwanger.

Ich habe immer Kinder gewollt. Eigentlich egal, von wem. Und ob ich sie mit 18 kriege oder schon mit 16, hat mich auch nicht gekümmert. Ich habe zwar nicht geplant, von Dirk schwanger zu werden. Aber verhütet habe ich auch nicht. Es ist eben passiert, und abgetrieben hätte ich nie.

Im fünften Monat habe ich mit der Ausbildung aufgehört und eine eigene Wohnung gesucht. Zwei Zimmer, Vollbad, Balkon, in Lohbrügge. Von meinem eigenen Geld habe ich sie mir eingerichtet. Und nicht mit Sperrmüll. Ich habe ein französisches Bett reingestellt, Glastisch, Spiegelschrank und eine braune Cord-Couch mit Chromstangen. Teppichboden, Stereoanlage, Telefon – alles da. Und an der Wand ein großer Glasspiegel mit Marilyn Monroe, und ein kleinerer mit Marc Bolan.

Kaum war ich eingezogen, ist Dirk aufgetaucht und hat mir die Schlüssel weggenommen. Ich durfte nicht mehr allein raus. Wann ihm danach war, ist er in der Wohnung aufgetaucht. Er hat mich verprügelt und mich angebrüllt, daß er mir die Kinder aus dem Bauch tritt. Und wann immer ihm danach war, ist er über mich rüber, am liebsten im Schlaf, da hat er besonders drauf gestanden.

Manchmal hat er mir die Augen dick gehauen. Eine Stunde später, wenn alles so richtig blau und rot geschwollen war, hat er gesagt: »Los, wir gehen einkaufen!« Ich habe eine Sonnenbrille aufgesetzt, aber er hat sie mir von der Nase gerissen: »Nee, du bleibst so. Damit jeder sieht, was für ein Dreckstück du bist!«

Am 18. Mai 1980 bin ich ins Marienkrankenhaus gekommen. Die Wehen! Der Arzt hat mich untersucht. »Das wird eine schwierige Geburt. Ihr Becken ist zu schmal. Und dann noch Zwillinge! Beide Kinder können wir nur retten, wenn wir einen Kaiserschnitt machen. Aber wir können Ihnen keine Vollnarkose geben. Sie müssen entscheiden, was wir tun sollen. Ich kann Ihnen das nicht abnehmen.«

Ich habe gesagt, sie sollen beide Kinder retten. Auf jeden Fall. Sie haben mir Morphium ins Rückenmark gespritzt. Dann haben sie den Bauch aufgeschnitten. Es hat gepiekst, als ob sie mich mit einer Nadel stechen würden. Auch die Klammern habe ich gemerkt. Ich habe mein Blut gesehen und immer wieder gespuckt. Noch mehr Morphium. Dann war es überstanden. Zwei Mädchen. Jenny und Tanja, die Namen habe ich schob vorher festgelegt.

Als die Geburt vorbei war, bin ich eingeschlafen und erst am dritten Tag wieder aufgewacht. Die Schwester war ganz aufgeregt »Sie haben das kleinste Baby Deutschlands geboren, Frau S. 33 Zentimeter und 680 Gramm.« Kein Wunder. Durch den Streß mit Dirk hatte ich während der Schwangerschaft fast nichts gegessen. »Wir haben einen Extra-Inkubator einfliegen lassen. Es steht alles in der Bild-Zeitung.« Tanja war dagegen fast normal: 42,5 Zentimeter groß und 1 700 Gramm schwer.

Sie hatten die Babys gleich nach der Geburt ins Wilhelmsstift gebracht. Ich wollte sie unbedingt sehen. Die Ärzte haben mich nicht weggelassen. Also bin ich abgehauen.

Als ich im Wilhelmsstift ankam, wußten sie schon Bescheid.

»Die Kollegen haben gerade angerufen. Was machen Sie bloß? Ihr Kaiserschnitt ist doch noch offen. Und wahrscheinlich haben Sie auch viel Blut verloren?«

Ich habe darauf bestanden, meine Kinder zu sehen. »Na gut«, hat der Arzt nachgegeben. Und mich schon zur Babystation geschickt. Ich habe durch die Scheibe geguckt. Habe gewußt, daß mein Kind sehr klein war, und habe mir in Gedanken das zweitkleinste ausgesucht. Ein noch winzigeres, ganz verschrumpeltes hat in einem Brutkasten gelegen. Ab und zu habe ich rübergeguckt und gedacht: »Mein Gott, wenn die Mutter das Kind sieht! Die dreht ab. Das wird sie ihr Leben lang nicht vergessen!« Man hat gesehen, wie das Herz in dem winzigen Körper schlägt und das Blut fließt, alles war noch gar nicht richtig ausgebildet.

Dann habe ich wieder ›mein‹ Baby angeguckt. Bis der Arzt neben mir stand: »Frau S., das ist nicht Ihre Tochter.« Dann hat er auf den Brutkasten gezeigt. Ich bin rüber, habe auf den Inkubator geschlagen und geschrien: »Warum? Warum ich? Warum?« Ich habe Dirk Jensen gehaßt wie noch nie.

Auch Tanja habe ich gesehen. Ihr hatten sie die Augen verbunden. Ich habe gedacht, jetzt drehe ich total ab: Das eine meiner Kinder ein Zwerg, der nicht lange überlebt. Und das andere blind! Aber der Arzt hat mich mich beruhigt: »Tanja hat eine Gelbsucht. Wir müssen ihr wegen der Bestrahlung die Augen verbinden. Sonst könnte sie wirklich blind werden.«

Ich bin auf eigene Verantwortung früher aus dem Krankenhaus. Der Kaiserschnitt war noch nicht verheilt, ich sollte Sitzbäder nehmen und mich vorsichtig bewegen. Abends ist Dirk Jensen aufgetaucht: »Na, eine hübsche Überraschung, daß du wieder da bist.« Dann hat er mich vergewaltigt. Ich habe vor Schmerzen geschrien. Jeden Abend ist er vorbeigekommen und hat mit mir gemacht, was ihm in den Sinn kam.

Ich bin wieder schwanger geworden. Der Arzt hat gesagt: »Wir müssen eine Abtreibung einleiten. Sonst platzt Ihnen die Bauchdecke weg. Der Schnitt ist von innen noch ganz offen.«

Ich habe es machen lassen, und ich habe Dirk nicht angezeigt. Ich habe entsetzliche Angst gehabt, und es hätte auch nichts geändert. Er hat mit einer Nutte zusammengelebt und die hat ihm jedes Alibi gegeben, das er brauchte. »Dirk? Nein, das kann nicht sein, der verbringt doch jeden Abend mit mir.«

Tanja habe ich aus dem Krankenhaus geholt. Jenny haben sie behalten, bis sie fünf Monate war. Als sie nach Hause kam, hat sie gerade mal soviel gewogen wie ein Neugeborenes.

Die Hölle mit Dirk Jensen hat nicht aufgehört. Er ist gekommen, wenn ihm danach war. An einem Abend hat er mir die Vorderzähne eingeschlagen. Ich habe geblutet wie ein Schwein.

Ein andermal hat er mich an den Beinen kopfüber aus dem Fenster baumeln lassen. Im fünften Stock.

»Sag, daß du mich über alles liebst und niemals irgendeinen andern haben wirst!« Erst danach hat er mich hochgezogen und gelacht wie irre. Dann wieder hat er versucht, mir mit einem Brotmesser die Pulsadern aufzuschneiden. Er hat das Telefon aus der Wand gerissen und gedroht, er bringt die Kinder um. Tanjas Hasen hat er mit einem Schlag ins Genick getötet, nur weil er ein paar Ködel auf dem

Teppich gemacht hatte. Jeden Tag hat er sich eine andere Scheußlichkeit einfallen lassen, fast eineinhalb Jahre lang. Ich habe irgendwann nur noch 38 Kilo gewogen.

Das Jugendamt ist regelmäßig zur Kontrolle gekommen. Sie haben sich immer vorher angekündigt. Wenn ein Besuch bevorstand, habe ich von Dirk nur noch Schläge gekriegt, von denen keine Spuren zu sehen waren. Wenn die Leute da waren, hat er den verantwortungsvollen Vater rausgehängt, der regelmäßig zu Besuch ist und nach dem Rechten sieht. Ein falsches Wort von mir – und er hätte mich umgebracht.

Als Jenny eineinhalb Jahre alt war, haben die Ärzte motorische Störungen bei ihr festgestellt. Sie war ein bißchen zurück, und ich habe gedacht: Bevor sie im Heim groß wird, gebe ich sie lieber zur Adoption frei. Dirk hat gewollt, daß ich gleich auch Tanja adoptieren lasse. Als ich mich geweigert habe, hat er mich ganz eigenartig angesehen und gesagt, ich soll jetzt sehr, sehr vorsichtig sein. Von Jenny habe ich nie wieder etwas gehört.

Wieder mal ist Dirk abends aufgetaucht. Tanja hat bei mir im Bett gelegen. Er ist über mich hergefallen, ich habe mich gewehrt. Er hat losgeprügelt, und Tanja getroffen. Sie hat aus der Nase geblutet. Ich habe das Blut gesehen und bin aufgesprungen. Von der Kommode habe ich ein Messer geschnappt.

»Es reicht, du Riesenstück Scheiße. Ich hass' dich wie die Pest, ich schneid' dir die Kehle durch, ich mach' dich fertig!« Er hat auf der Stelle kapiert, daß ich ihn umbringe. Nackt ist er aus der Wohnung in den Flur gestürmt, ich habe all seine Sachen vom Balkon auf die Straße gekippt. Mir war alles egal.

Ein paar Tage später ist er wiedergekommen. Aber ich hatte mir inzwischen einen Hund geholt. Von einem Privatdetektiv, die Annonce hatte ich im Billstedter Einkaufs-

zentrum gesehen. Bessie war ein Mischling aus Schäferhund und Dogge. Wenn sie sich aufgerichtet hat, war sie
größer als ich. Sie hat die Schritte von Dirk Jensen gehört
und schon geknurrt. Der Schlüssel dreht sich im Schloß,
die Tür geht auf, Dirk Jensen steht im Türrahmen – da
schießt der Hund auf ihn los, schnappt zu und reißt ihm
ein großes Stück Stoff aus der Hose. Man konnte richtig
seinen weißen Arsch sehen.

Ein Riesentumult im Treppenhaus. Dirk brüllt rum, daß
er den Hund erschießt und mich gleich mit. Aber er haut
ab. Endgültig aus meinem Leben.

10.10.

Christian hat mir gestern abend noch erzählt, daß er von
Dirk Jensen gehört hat. Im Knast. Einer, der beim Nacht-
umschluß jüngere Knackis vergewaltigt. Genau. Genau das
ist Dirk Jensen. Christian hat geschworen, daß er ihn um-
bringt. Auch wenn er dafür ein Leben lang in den Bau geht.
Aber das ist der nicht wert.

11.10.

Christian will auch Kohle machen. Heute ist er zum erstenmal zum Büro von Hinz & Kunzt in der Curienstraße.
Die Hamburger Obdachlosenzeitung. Hat er im Sommer
schon mal mitgemacht. Weiß also, wie es geht. Wer obdachlos ist, kann sich in eine Liste eintragen lassen. Als
Verkäufer. Er kriegt einen Ausweis mit Bild. Und einen
Platz, an dem er verkaufen darf. Jeden Montag werden die
Plätze für die Woche neu verteilt. Wer länger dabei ist, hat
einen Stammplatz. Fest.

Jetzt besorgt er sich im Büro Zeitungen. Zehn, zwanzig, dreißig – je nachdem, wieviel Geld er hat. 50 Pfennig kostet eine. Verkauft werden sie für 1,50. Die eine Mark ist für den Verkäufer. Und wenn er alle Zeitungen los ist, holt er sich einfach neue.

Christian hat erstmal zwanzig Stück genommen. Sein Platz war vor dem Schlemmerparadies, gleich bei mir um die Ecke in der Bergstraße. Den ganzen Nachmittag ist er da gestanden. Um vier ist er die letzte losgeworden. Hat er mir stolz erzählt. Ich hatte 52 Mark zusammen. Bleibe wohl besser beim Betteln. Wir haben eine Zigarette geraucht, dann ist er los und hat sich nochmal zehn geholt. Sechs hat er jetzt noch übrig. Mit Betteln hätte er nicht nicht so viel gemacht. Für Männer ist das viel schwieriger.

Abends mußte er zu seinem Arzt, ein neues Pola-Rezept holen. Ich bin mit in die Praxis. Als er mit Christian sprach und die Helferin in einem Schrank rumgesucht hat habe ich eine Flasche Desinfektionsmittel eingesteckt. ›Mikrozid liquid‹. Schließlich will ich mir draußen keine Krankheiten einfangen.

Poppenbüttel. Alles so, wie wir es am Morgen verlassen haben. Niemand dagewesen. Niemand hat in den Sachen gewühlt.

12.10

Wahlen sind. Bundestag oder so. Überall am Jungfernstieg und in der Stadt Plakate. Alles Lügner. Alle total unfähig. Jetzt verspricht der eine dies, der andere das. Schräg gegenüber die SPD. Verkündet, was sie gegen Obdachlosigkeit machen will. Und wenn sie gewählt sind? Nichts. Nichts passiert. Was sind sie verlogen.

Ich halte nichts von Politikern. Verdienen gut, auf Kosten von denen, die arbeiten. Machen Urlaub mit ihrem Geld. Ihre Gehälter werden immer mehr. Die anderen kriegen immer weniger.

13.10.

Manchmal ist es erniedrigend, am Jungfernstieg zu sitzen. Wie sie glotzen! Sie bleiben vor den Schaufenstern stehen, als ob sie etwas unheimlich Interessantes entdeckt hätten. Und stieren dann nur zu mir herüber, von der Seite und minutenlang.

Welche gucken mich an beim Vorübergehen. Und drehen sogar den Kopf zurück, wenn sie schon vorbei sind. Als ob ich ein Weltwunder wäre. Wenn sie dann mit anderen Leuten zusammenstoßen, ist es ihnen furchtbar peinlich.

Arm und Reich, den Unterschied kriegt man nirgendwo so gut mit wie hier. Vom Aussehen. Und von der Art, wie die Leute sind. Die was reinschmeißen, sind meistens die, die es selbst nicht so fett haben. Man sieht es an den Mänteln. Und an den Schuhen. Alte Omis mit einem Hütchen. Und Hausfrauen mit Einkaufstasche.

Geizig sind die Männer in den dunklen Wollmänteln und Frauen, die gerade frisch beim Friseur waren. Wahrscheinlich arbeiten sie in einer Bank oder einem Büro und dürfen in der Mittagspause nur eine Stunde raus. Da wollen sie nicht von jemand wie mir belästigt werden, die Affen.

Manche von denen gehen jeden Tag vorbei. Ich kenne sie vom Sehen. Die eine mit den kurzen roten Haaren. Mitte dreißig, und so was von eingebildet. Guckt mich an, von oben runter und durch mich durch, als ob sie nicht mich sieht, sondern die Mauer. Dann geht sie weiter und wakkelt mit dem Arsch. Ach was, mit dem ganzen Körper macht sie rum.

102

Auch die mit vielen neuen Plastiktüten vom Einkaufen kommen, geben nichts. Haben ja keine Hand frei. Wie gut für sie. Und auch Touristen drücken selten was ab. Müßten eigentlich. Kriegen schließlich was geboten: echte Hamburger Bettlerin!

Nur gut, daß es auch andere Leute gibt. Roswitha zum Beispiel. Die ist sechzig, aber man sieht es ihr wirklich nicht an. Sie arbeitet bei Karstadt und kommt zwei-, dreimal in der Woche vorbei. Sie gibt mir immer ein paar Mark, und nimmt sich jedesmal die Zeit, ein paar Sätze mit mir zu reden. Kürzlich mußte sie für zehn Tage weg. Eine Art Urlaub. Sie begleitet Menschen, die sterben, zum Tod. Hat sich extra bei mir abgemeldet.

Auch ihre Freundin Marieke kenn ich. Eine Pastorin. Will Christian und mich kirchlich trauen, wenn wir mal heiraten.

Dann noch Carla, die Arzthelferin. Eine sehr liebe. Der alte Mann mit dem Spazierstock, der den Hut zieht, wenn er vorbeispaziert. Und noch so drei, vier, die jeden Tag vorbeilatschen.

14.10.

Ist das nicht süß? Ich habe Christian schon ein paarmal gesagt, daß ich seinen Gestank nicht ausstehen kann, wenn er Bier getrunken hat. Aber ich habe gedacht, er braucht den Alkohol. Er drückt überhaupt nicht und versucht, mit seinem Pola auszukommen. Höchstens ein bißchen Hasch oder ein paar Tabletten nebenbei.

Gestern abend kommen wir nach Hause. Christian hat vorher noch eingekauft. Unter der Brücke packt er aus. Eine Cola und ein Mars für mich. Für ihn selbst aber nicht ein Sechserpack, wie sonst. Sondern eine Tüte Buttermilch.

Er sagt, er tut alles, damit ich bei ihm bleibe. Wenn ich mal gehe, bringt er sich um. Dummer. Ich denke doch gar nicht daran.

16.10.

Gestern nacht hätte es fast Ärger gegeben. Hinter unserem Wäldchen ist ein ehemaliger Bauspielplatz. Und so eine Art Sportlerheim drauf. Gestern haben ein paar Typen dort eine Fete gefeiert. Haben gegrillt und gesoffen wie blöd. Und immer lauter rumgebrüllt. Ganz schön nervig. Keine Chance, einzuschlafen. Auf einmal haben wir gehört, wie zwei gequatscht haben. Ganz in unserer Nähe. Waren wohl pinkeln. Christian ist fast ausgetickt und wollte ihnen unbedingt eine aufs Maul hauen.

Ich habe ihm den Mund zugehalten und gebettelt und geredet:

»Bleib hier, laß die Idioten. Wenn du jetzt mitten in der Nacht auftauchst, kommen die doch auf Ideen. Ein paar Minuten und sie haben unseren Platz entdeckt. Und wir können den vergessen, und zwar für immer.« Ich habe ihn richtig festgehalten. Und war erleichtert, als die beiden zu den andern zurück sind. Hat ewig gedauert, bis sie alle endlich abgezogen sind.

Heute morgen sind wir nicht aus den Decken gekommen. Haben dann getrödelt. Die Züge fahren auch nicht so häufig am Sonntag. Zehn nach zwölf, als wir bei der Ambulanz aufgekreuzt sind. War zu. Ich bin fast ausgeflippt. Wo kriege ich jetzt Stoff her? Wie komme ich an Geld? Wie lange halte ich noch durch, ehe der Affe kommt?

Aber Christian hat mir sein Pola gegeben. Den guten Stoff im braunen Fläschchen mit dem roten Plastikdeckel. Die zwölf Meter für heute, die er gestern schon abgeholt hat. Er sagt, er schafft es. Wir haben Bier gekauft und ein paar Rosch. Immer noch besser, als wieder zu drücken. Fast drei Monate ist er clean. Jetzt liegen wir in den Dekken. Es nagt in ihm. Aber er sagt, er ist okay.

17.10.

Bei Staffelt. Hat mich lang und breit vollgelabert, wie es mit den Kindern weitergeht. Ich behalte das Sorgerecht. Bis ich eine neue Wohnung habe, bleiben sie bei Theo. Damit das alles klargeht, muß ich einen Antrag stellen, sagt er. Auf Hilfe zur Erziehung. Habe den Wisch unterschrieben.

18.10.

Jetzt wollen sie Bobby, den Silbermann, vom Jungfernstieg vertreiben. Der stört nun wirklich keinen. Ist einfach silbern angemalt, hat silberne Klamotten an und steht stocksteif. Wie ein Denkmal. Oder eine Schaufensterpuppe. Die Chefs vom Alsterhaus haben nichts dagegen, daß er da steht. Aber das Ordnungsamt will ihn nicht mehr. Weil er den Verkehr auf dem Bürgersteig behindert. Die haben sie doch nicht alle.

Gut, daß er sich das nicht gefallen läßt. Hat große Plakate aufgehängt, auf denen die Geschichte steht. Und Zettel, auf denen man für ihn unterschreiben kann. Habe ich gleich gemacht. Wenn es ungerecht zugeht, könnte ich jedesmal stinksauer werden.

19.10.

Manchmal sehe ich keine Gesichter mehr. Nur Windjak-
ken, Lederjacken, Regenjacken. Vor allem, wenn zwei
Stunden lang kein Mensch was abgedrückt hat. Manchmal ist es ätzend. Arrogante Säcke. Ich könnte aufstehen
und einen umhauen.

Gegenüber, über der Straße, die Alster. Viel sehe ich
nicht von meinem Platz aus. Nur die Fontäne, wenn der
Springbrunnen an ist. Aber bei schönem Wetter stelle ich
mir manchmal den Blick drüben vor. Das dunkelblaue
Wasser, der hellblaue Himmel. In der Mitte spritzt die
Fontäne in den Himmel, weiß und silbrig. Wenn Wind
kommt, wird sie zu einem glitzernden Schleier. Und darüber steht ein Regenbogen.

Auf der anderen Seite die Lombardsbrücke, breite Bö-
gen, wie im Nebel. Rechts das Hotel Atlantik. Knallweiß,
als ob sie es gerade mit Persil gewaschen hätten. Auch auf
der linken Seite ein paar weiße Hotels. Mit Fahnen davor.
Die knattern in der Luft.

Von der Straße wehen ein paar Blätter zu mir rüber. Da
merke ich, daß ein strammer Wind geht. Und wie kalt es
im Schatten geworden ist.

Ein paar Meter weiter bleibt eine Mutter stehen. Zieht
ihr Portemonnaie aus der Einkaufstasche und gibt ihrem
Kind Geld. Das Mädchen ist vielleicht vier. Trippelt zu
mir rüber und wirft zwei Mark in meinen Topf. Guckt mich
ganz ernst an, mit großen Augen. Ich lächle. Es lächelt
zurück und hüpft wieder zu seiner Mutter. Die nimmt es
an die Hand, sagt »Einen schönen Tag noch«, dann gehen
sie weiter. Das Mädchen sieht sich um. Tut das gut.

21.10.

Tierisch verrückter Tag gestern. Ich sitze vor dem Alsterhaus. Stiere auf den Boden. Bin wie meistens ganz weit
weg. Wenn's im Teller klappert, hebe ich den Kopf, mich
bedanken. Wenig los. Da gucke ich zufällig auf den Teller.
Und denke, ich Spinne. Ein Schein liegt drin. Ein echter
Blauer. Ein Hunni. Ich schaue nach links, nach rechts: niemand in der Nähe. Der Mann oder die Frau ist im Alsterhaus verschwunden. Oder bei Ledermoden Donna, daneben. Schade. Ich wüßte gern, was das für ein Mensch war.

Ich bin furchtbar aufgeregt, als Christian endlich kommt.
»Komm Schatz, laß uns was Besonderes machen«, sage
ich. »Als Belohnung für den Streß jeden Tag.«

Wir packen die Sachen und halten ein Taxi an. Der Fahrer ist ein junger Typ, mit schwarzen Rattenhaaren, einer
runden Brille, und einem Ohrring, an dem ein goldenes
Kreuz baumelt. Vielleicht ein Student. Guckt neugierig,
als wir die Schlafsäcke einladen. Fragt aber nicht.

»Wir wollen in ein Hotel. Wissen Sie eines?« Der Typ
schaut in den Rückspiegel.

»Nicht ganz so teuer, nehm' ich an«, sagt er.

»Nicht ganz soo teuer. Aber ruhig was Besseres.«

»Na, nehmen wir mal trotzdem nicht das Plaza«, sagt
er. »Das können wir uns alle drei nicht leisten.«

Und dann gondeln wir im Taxi durch den Abendver-
kehr. Tolles Gefühl, sich sowas zu leisten. Hintendrinzu-
sitzen und rauszuglotzen. Wir reden über unsern Glücks-
fall. Und erzählen auch dem Fahrer davon. Dann sind wir
am ersten Hotel. Christian will zahlen, 12 Mark 60. Der
Mann sagt:

»Ist nicht sicher, ob noch was frei ist. Soll ich nicht lieber warten? Wenn's klappt, kommen Sie raus, holen Ihre
Sachen und zahlen dann.«

Das Hotel hat eine Glastür. Aber es steht keiner in Uniform davor und reißt sie auf. Die Halle ist nicht groß, aber hell. Der Boden aus Marmor, blitzblank, daß der Kronleuchter sich darin spiegelt. Über einem dunkelbraunen Holztresen in goldenen Buchstaben das Wort ›Rezeption‹.

Ich komm' mir komisch vor. Alles so fein, und wir in unseren Klamotten. Aus einer Tür kommt eine Tussi in einem grauen Kostüm mit einer Perlenkette und einer Brille mit silbernem Gestell. Sie guckt uns mit einem Blick von oben bis unten an. Christian sagt, wir hätten gern ein Zimmer.

»Oh, das tut mir außerordentlich leid. Aber wir sind heute schon voll belegt.« Sagt sie, wie aus der Pistole. Und zieht die Augenbrauen hoch. Voll gelogen, die Alte. Im Nebenraum läuft der Fernseher. Aber kein Mensch davor.

Ich fühle mich bescheuert.

»Ja, dann«, sagt Christian.

»Na?« fragt der Taxifahrer. Aber er sieht an unseren Gesichtern, daß es nicht geklappt hat. Wir fluchen auf die Alte. Er meint, wir finden was anderes.

Wieder fahren wir durch Hamburg. Am Armaturenbrett blinken Lämpchen. Das Radio läuft. NDR 2, ›Children of the revolution‹, alter Lieblingshit von mir. Ab und zu quäkt die Zentrale: »Eichenweg 18. Sierichstraße 50.« Ich werde müde, möchte nie mehr aussteigen. Aber die Uhr läuft. 20 Mark höchstens für das Taxi, haben wir vorher gesagt. Als es am nächsten Hotel hält, sind 17 Mark 20 drauf.

»Ich warte nochmal«, sagt der Mann.

Licht kommt nur von einer Schreibtischlampe am Empfang. Dahinter ein Mann mit fettem Gesicht und ein paar fest an den Kopf geklatschten Haaren. In einer blauen Jacke mit goldenen Knöpfen, einem hellblauen Hemd und einer dunkelroten Krawatte. Mit goldenen Lilien – ich stiere die ganze Zeit darauf, weil ich ihn nicht angucken mag.

»Was kann ich für Sie tun, meine Herrschaften?« Am Brett hängen Schlüssel. Voll belegt ist er nicht. »Aber ja«, sagt er, »wir haben Zimmer frei.«

»Und was soll es kosten?« fragt Christian.

»280 Mark«, sagt der Mann. Wird kein bißchen rot dabei.

»280! Wir überlegen uns das noch mal«, sage ich und ziehe Christian raus.

»Tun Sie das«, ruft er uns hinterher.

Eigentlich habe ich jetzt keine Lust mehr. Aber der Fahrer sagt, das nächste Hotel sei nur fünf Minuten weg. Wir fahren hin und die Uhr zeigt 22 Mark 20.

»23«, sagt Christian. »Soll ich nicht warten?« fragt der Fahrer. »Ist ja nicht sicher, daß es hier was gibt.«

»Nee, danke. Mehr können wir fürs Taxi nicht ausgeben.«

»Ach was. Vergeßt die Kohle. Wenn es nicht klappt, fahr' ich euch umsonst zum nächsten. Mein Beitrag zum Glückstag. Wär' gelacht, wenn wir euch nicht unterkriegen würden.«

Ich finde es toll. Aber Christian wird bockig. Sagt, das will er nicht. Sagt, das sei der letzte Versuch.

Der Typ fährt davon, ein bißchen sauer. Ich auch. Wir müssen klingeln. Eine Omi schließt auf und guckt uns mit großen Augen an. Sie hat ein Zimmer frei. Mit Dusche. 90 Mark. Und wir können es haben. Zimmer 17. Ich fasse es nicht.

Frühstück wollen wir nicht. Und wir zahlen gleich. Damit sie es sich nicht anders überlegt.

Zimmer 17 ist im ersten Stock in einem verwinkelten Flur. Weiße Decken auf dem breiten Bett. Grauer Teppichboden mit einem Muster aus kleinen Würmern. Im Badezimmer blitzt alles weiß. Das Klo, das Waschbecken, die Badewanne. Furchtbar dreckig komme ich mir auf einmal vor. Jetzt duschen. Ins frische Bett. Und Liebe machen.

Aber vorher noch zwei Minuten ausstrecken und ausruhen. Auch Christian legt sich aufs Bett. Wir kuscheln. Was für ein irres Gefühl, heute nacht hier zu schlafen! Auf der weichen Matratze zu schaukeln! Dann sind wir weg. Alle beide. Einfach weggeknackt.

Mitten in der Nacht weckt Christian mich. Wir ziehen uns aus und schlüpfen unter die Decke. Sie riecht nach Persil, denke ich eine Sekunde. Dann nicht mehr.

Am Morgen weiß ich nicht, wo ich bin. Irgendwelche Schnörkel aus Gips an der Decke. Dann fällt mir alles ein. Ich rutsche rüber zu Christian, der vor sich hinschnarcht. Dann holen wir nach, was wir am Abend verpaßt haben. In einem weichen weißen Bett, ich will nie mehr heraus.

Der Himmel vor dem Fenster ist grau. Wahrscheinlich fängt es genau dann zu regnen an, wenn wir aus dem Hotel gehen. Heute abend kriechen wir naß und muffig unter die Brücke. Die Schlafsäcke klamm. An den Schuhen Dreck. Die feuchten Pullover stinken. Pinkeln im Wald. Von den Ästen tropft es. Ich mag das nicht mehr.

Unter die Dusche. Seife und heißes Wasser und die Haare voller Shampoo-Schaum. Traumhaft.

Aber das Pola wartet. Wir ziehen frische Klamotten an und fahren zur Ambulanz. Bevor sie zumacht. Und der Affe losjault.

22.10.

Ich habe mir ein neues Schild gemalt. Das andere war ziemlich zerfleddert. Auf Pappe habe ich mit blauem Filzstift geschrieben: »Ich bin wirklich obdachlos. Bitte helfen Sie mir mit einer kleinen Spende (damit ich etwas zu essen kaufen kann). Meine drei Kinder sind bei Pflegeeltern. Es ist die Schuld meines Ex-Mannes. Vielen Dank.« Die Fotos von den Kindern und das Bild von Kevin habe ich wieder danebengeklebt.

25.10.

Ich habe am Jungfernstieg gesessen und über Christian nachgedacht. Auf einmal wollte ich ihn sehen. Habe meine Sachen geschnappt und bin hoch zur Mönckebergstraße. In dieser Woche steht er vor Sport-Scheck. Sieht top aus, mit seinem wuschligen schwarzen Haar. Dazu schwarze Jeans, schwarze Mokassins, eine schwarze Jacke. Auf der steht ›For people who like fun in life‹. ›Für Leute, die gern Spaß haben im Leben‹, hat uns am Bahnhof einer übersetzt. Paßt voll. Bloß haben wir leider zu wenig davon.

Am Kragen hat er den Hinz & Kunzt-Ausweis angesteckt. Mit einer Hand hält er die Zeitungen hoch, die andere hat er in der Tasche. Ist kalt auf Dauer.

Er hat nicht gut verkauft. Die Zeitung ist schon über drei Wochen alt. Viele Leute gucken drauf und schütteln den Kopf. Kennen sie schon. Aber ein junger Kerl in einer roten Wildlederjacke nimmt eine. Vielleicht der, der jeden zweiten Tag kommt. Kauft eine Zeitung und gibt immer zwei Mark. Manchmal steckt er sie ein. Manchmal schmeißt er sie in den nächsten Papierkorb. Christian holt sie dann wieder raus und verkauft sie nochmal. Und manchmal blättert er ein bißchen und gibt sie gleich zurück. Kennt sie ja.

Ich bin rüber. Von wegen Freude, mich zu sehen. Was ich denn hier mache? Ob was passiert ist?

»Ich wollt' dich mal sehen.«

»So ein Quatsch. Jetzt ist die beste Zeit, was einzunehmen. Und du läufst durch die Gegend.« Stinksauer war ich, habe ihn stehenlassen.

Abends hat er mir erzählt, warum er so muffig war. Er hat im Büro nachgefragt, wie es mit einem festen Platz für ihn aussieht. Geht nicht, haben sie gesagt. Komisch, bei andern geht es doch auch.

Ab November kommt Hinz & Kunzt alle 14 Tage raus. Nicht mehr nur einmal im Monat. Kostet dann 1,80 statt 1,50. Der Verkäufer kriegt aber auch in Zukunft nur eine Mark.

26.10.

Vor zwei Tagen ist ein junger Typ am Jungfernstieg vorbeigekommen. Kopf wie Arnold Schwarzenegger. Hat mir fünf Mark gegeben und ein bißchen mit mir gequatscht. Ich habe ihm erzählt, daß wir draußen schlafen. Er fand das aufregend. Dann ist er in einen Geländewagen gestiegen. Mit Riesenreifen. Am Jungfernstieg. Lächerlich.

Gestern hat er mir zwei Schlafsäcke vorbeigebracht. »Die sind nicht neu. Aber ich hab' sie reinigen lassen. Auf jeden Fall halten sie warm. Bis 23 Grad minus.«

Schon was anderes, sich jetzt abends reinzukuscheln. Wie haben wir das vorher nur ausgehalten?

27.10.

Stinknormaler Tag. Ich habe die rosa Jeans und den blauen Pullover angezogen. Morgen müssen wir unbedingt ins Drob zum Waschen. Die Tüte mit Schmutzwäsche ist voll. Und am Morgen in benutzte Unterhosen zu steigen, ist für mich der Horror. Eine Hose kann man schon mal einen Tag länger anbehalten.

Die Schlafsäcke nehmen wir mit in die Stadt. Furchtbar, wenn die weg wären.

Dann Jungfernstieg. Hinz & Kunzt. Abends mit der S-Bahn nach Poppenbüttel.

28.10.

Wenn wir in Poppenbüttel aus der S-Bahn steigen, müssen wir an einer Reihe von Musikern vorbei. Jeder spielt was anderes: Geige, Mundharmonika, Kassettenrekorder. Und jeder ein anderes Lied. Das totale Musik-Durcheinander. Wer soll sich das anhören!

Unter der Brücke fege ich immer erstmal mit einer Pappe aus. Die ganzen Blätter, die der Wind tagsüber reingeweht hat. Dann sprühen wir die Matratze mit dem Desinfektionsmittel ab. Weiß der Teufel, welche Viecher tagsüber reingekrabbelt sind. Wenn das erledigt ist, rollen wir Decken und Schlafsäcke aus und zünden die Kerze an. Manchmal essen wir ein paar Cornflakes oder rauchen eine Pfeife Hasch. Ich mache mir einen Druck. Meistens kuscheln wir uns bald in die Schlafsäcke. Nackt. So bleibt man auf jeden Fall wärmer, behauptet Christian.

Habe mir schon mal gedacht: Es ist wie bei einem Ehepaar, das abends von der Arbeit nach Hause kommt. Bloß läuft bei denen der Fernseher.

29.10.

Morgens mit der S-Bahn in die Stadt. Ich habe meine letzten Groschen zusammengekratzt. 7 Mark 20 für die Tageskarte. Schwarzfahren riskieren wir nicht mehr. Christian haben die Blauen Sheriffs mal aus der S-Bahn rausgezerrt und in einem Wärterhäuschen verprügelt. Inzwischen kriegt er seine Monatskarte vom Sozialamt. Weil er ›ofW‹ gemeldet ist.

Morgens in der S-Bahn reden wir nicht viel miteinander. Wir machen unsere Fingernägel sauber. In aller Ruhe, mit dem Taschenmesser. Ich lege Lippenstift auf, wenn ich noch nicht dazu gekommen bin. Christian schabt sich mit dem Einwegrasierer die Borsten vom Kinn. Trocken, ohne Seife. Sie sind wie Draht, es kratzt widerlich. »Iiihh«, sage ich immer. Aber es tut ihm nicht weh, sagt er. Wenn er naß rasiert, geht Haut mit ab. Und das schmerzt mehr.

Ich warte seit ein paar Tagen auf meine Periode.

1.11.

Endlich ist Dr. Hambauer da. Ich war bei ihm. Er war sehr freundlich und hat mir von seinem Urlaub in China erzählt. Dann haben wir über die Kinder gesprochen, und über das Leben unter der Brücke.

Endlich ein Arzt, für den ich ein Mensch bin wie er selbst. Die anderen haben nur Angst, daß ich ihre edle Praxis beschmutze. Er hat mich erst mal auf vierzehn Meter Pola raufgesetzt. Will sehen, ob ich damit auskomme. Wenn es nicht gleich klappt, soll ich nicht nervös werden.

2.11.

Langsam haben wir uns eingerichtet. Lauter Zeug aus dem Abfall vom Einkaufszentrum. Oder sonstwo aus der Stadt. Das Beste: ein dickes Stück Schaumstoff, das wir als Rückwand zwischen Beton und Erde geklemmt haben.

Jetzt rutschen wir nicht mehr so weit in die Spalte. Und hauen uns auch den Kopf nicht mehr an. Außerdem hält es warm.

Neben den Pfeiler habe ich ein Stück Teppichboden auf die Erde gelegt. Zum Schuheabtreten. Ich will nicht den ganzen Dreck hier drin. Die Bleche an den Seiten haben wir mit Pappen verstärkt, damit es nicht mehr durchzieht. Über die Plane auf dem Boden einen Regenmantel gelegt. Als zweite Isolation. Und eine Obstkiste ist unser Tisch.

Außerdem haben wir eine Matratze. Eine richtige. Christian hat sie von einem Freund in Altona abgeholt. Ist damit in der S-Bahn durch ganz Hamburg gefahren.

»Guck mal, der hat seinen Sperrmüll immer dabei!« Und solche Sprüche. Aber ich war oberhappy, als er hier damit aufgetaucht ist.

Unsere Anziehsachen bewahren wir in Plastiktüten auf. Auch die drei Wolldecken, ordentlich zusammengelegt, wenn wir in die Stadt gehen. Abends polstern wir unser Bett ein bißchen mit Klamotten: Pullover, ein alter Lammfellmantel, ein Palästinensertuch. Ist längst nicht mehr so hart wie am Anfang.

Auch ein bißchen hübsch habe ich es gemacht. Vom Alsterhaus-Restaurant habe ich einen Aschenbecher, damit keine Kippen rumfliegen und Löcher in die Klamotten brennen. Ein paar Weihnachtssterne aus Plastik habe ich aufgestellt. In die Erde Fähnchen von McDonald's gesteckt, die Kevin mir geschenkt hat. Und eine goldene Plastik-Sonne auf einem Draht – mein Talisman. Irgendwann wird es bestimmt sonnig.

Ich habe die Kinder heute allein abgeholt. Christian hat einen Freund besucht. Wir sind zum Spielplatz. Als ich sie zurückgebracht habe, war Theo da. Allein. Ich habe ihn angesehen. Und mich gefragt, weshalb ich mich jemals auf ihn eingelassen habe.

»Weshalb ich mich auf Theo eingelassen habe«

Als ich Dirk rausgeschmissen hatte, hatte ich gewaltige Muffe. Ich habe ihm alles Mögliche zugetraut, ich mußte verschwinden. In aller Eile habe ich Tanjas Sachen gepackt und bin mit einem Taxi nach Altona. In die Schomburgstraße. Kirsten hatte mir angeboten, daß ich bei ihr wohnen kann, wenn es mal ganz schlimm kommt. Ihr Freund war einverstanden.

Es ist nicht lange gutgegangen. Kirsten ging anschaffen. Und bald hat der Typ verlangt, daß auch ich für ihn auf den Strich geh. Ich habe mich geweigert. Er hat beim Sozialamt angerufen und erzählt, daß ich Wohngeld kassiere, aber keine Miete zahle. Ich habe Tanja und ihre Sachen wieder eingepackt und bin zu Maren und ihrem Mann gezogen, nach Wilhelmsburg in die Grodestraße. Maren hat schon eine ganze Zeit gedrückt. Bald waren sie und ihr Mann genervt von mir und Tanja. Die Wohnung war viel zu klein für uns vier.

Bei Maren habe ich Theo kennengelernt. Theo war Automechaniker. Er hat mit Hasch gedealt, und ist ab und zu vorbeigekommen. Er war fünf Jahre älter als ich und hat ziemlich bescheuert ausgesehen. Lang und dürr, braune Haare wie Prinz Eisenherz, vorstehende Augen. Und immer Hosen wie Kartoffelsäcke. Überhaupt nichts Interessantes an ihm. Aber ich wollte endlich Ruhe haben, und er hatte eine Wohnung.

Ich bin mit Tanja bei ihm eingezogen, am Rotenhäuser Damm, nicht weit entfernt von dem riesigen Bunker aus dem Zweiten Weltkrieg. Eine Zweizimmerwohnung in einem der Backsteinblocks, mit Küche, Bad und Flur. Parterre. Elf Wohnungen an einem Treppenhaus. Zur Straße hin ein Vorgarten und hinten raus auch ein kleines Gartenstück.

»Wetten, daß ich es schaffe, daß er Jeans anzieht«, habe ich zu Maren gesagt. Habe ich auch geschafft, und einen neuen Haarschnitt habe ich ihm auch verpaßt. Damit ich mich nicht für ihn schämen mußte.

Bald ist er mir ziemlich auf den Wecker gefallen. Er hat mich nie geschlagen, aber seelisch kaputtgemacht. Wenn er sauer war, hat er sich hingesetzt und keinen Mucks von sich gegeben.

»Kannst du dich gefälligst mal darum kümmern, daß wir Milch im Haus haben?« Nichts. Der sitzt da, hat die Jalousien runter, du denkst, du schreist eine Wand an.

»Is' was, geht's dir nicht richtig? Hast du Trouble? Hat dich einer aufs Kreuz gelegt?« Kein Wort. Du siehst, dem geht es dreckig. Du willst ihm helfen, aber er hockt nur da wie ein Klotz aus Beton. Tot. Zum Anspucken. Irgendwann habe ich erfahren, daß er Einzelkind war. Und daß seine Eltern lieber ein Mädchen gehabt hätten. Vielleicht hatte es damit zu tun.

Theo hat fast nie einen Job gehabt. Wir haben von Sozialhilfe und Arbeitslosenhilfe gelebt und nebenbei mit Hasch gedealt.

1983 bin ich wieder schwanger geworden. Am 20. Mai 1984 ist Lena zur Welt gekommen. Diesmal alles ohne Probleme. Und plötzlich haben sich Theos Eltern gemeldet. Zum erstenmal, weil sie gehört hatten, daß das Kind ein Mädchen war – das, was sie immer gewollt hatten. Überglücklich waren sie. Als sie gesehen haben, daß ich noch eine zweite Tochter hatte, haben sie angefangen, die beiden rundum zu verhüdeln und vertüdeln. Sie haben alles von ihnen gekriegt, es war eine richtige Verwöhnarie.

Zu Theo haben sie gesagt: »Siehst du, sind sie nicht toll? Warum bist du bloß kein Mädchen geworden?« Da bin ich explodiert:

»Seien Sie doch froh, daß er ein Mädchen GEZEUGT hat«, habe ich den Vater angeschrien. »Sie haben das ja nicht geschafft.« Er hat geguckt wie eine Kuh bei Gewitter.

Nach einiger Zeit hat Theo vom Sozialamt einen Schrieb gekriegt: Er soll die Geburtskosten bezahlen. Außerdem das Geld für sechs Wochen vor und sechs Wochen nach der Entbindung, das ich gekriegt habe. Über 10 000 Mark.

»Nie im Leben zahl' ich einen Pfennig«, hat er in sich reingemotzt.

»Gut«, habe ich gesagt, »unterschreib mir, daß das Kind nicht von dir ist. Dann kostet es dich keinen Pfennig. Aber dann hast du mit dem Kind nichts mehr zu tun! Nichts. Wir gehen zum Notar – und du hast keine Rechte mehr an Lena. Und deine Eltern auch nicht.«

Er war sofort einverstanden, aber seine Eltern haben nicht mitgemacht. Sie haben schließlich die ganze Summe bezahlt.

Dauernd haben wir Clinch gehabt, Theo und ich. Streit hin, Streit her, Tag und Nacht, das ganze Leben. Als seine Eltern kapiert haben, daß es nicht mehr lange gutgeht mit uns, wollten sie uns ein Haus mieten. In Winsen an der Luhe. »Laßt es«, habe ich gesagt. »Da klappen nur ein paar Türen mehr. Das wird nichts mehr mit uns.«

Zum Glück ist bald darauf die Wohnung nebenan freigeworden. Ich habe sie gekriegt und bin mit den Kindern umgezogen.

Natürlich habe ich Theo weiterhin gesehen. Wir haben ja Tür an Tür gewohnt. Ab und zu habe ich noch mit ihm gepennt. Und auch mit ein paar anderen.

Am 8. April 1988 habe ich Kevin zur Welt gebracht. Theo hat gesagt:

»Gib als Vater an, wen du willst, aber nicht mich. Ich bezahl' das nicht noch mal.« Das habe ich dann auch getan: »Der Vater? Weiß ich nicht. Ein Urlaubsflirt.«

Theos Eltern sind wieder aufgetaucht. Die Mutter wollte Kevin auf den Arm nehmen, aber der Vater hat sie zurückgerissen und durch die Zähne gezischt: »Mußte das ein Junge werden? Zehn Mädchen – da hätten wir nichts dagegen gehabt.«

Sie haben uns trotzdem weiter besucht und sind oft mit den Mädchen auf den Spielplatz. Für Kevin haben sie nie was mitgebracht. Ich habe sie gefragt: »Kevin ist doch auch mein Kind. Warum kriegt er kein Geschenk?«

»Wieso, der ist doch viel zu klein. Der versteht das doch noch gar nicht.«

»Aber ich versteh' es. Und mir gibt's einen Stich ins Herz.«

Dann habe ich sie rausgeschmissen. Der Vater hat noch schnell einen Herzinfarkt markiert. Ich habe bloß gesagt: »Den Herzinfarkt kannst du draußen im Treppenhaus kriegen. Aber nicht bei mir in der Wohnung.« Und das war's dann.

4.11.

»So Kind, jetzt kommst du mit. Du holst dir ja den Tod.« Roswitha. Auf einmal vor mir. Ist mit mir zu Salamander.

»Jetzt suchst du dir ein paar ordentliche Winterstiefel

aus.« Ich habe mir in der Wärme viel Zeit gelassen, habe einige Paare probiert. Die Verkäuferin hat nicht gedrängelt. Ich habe halbhohe, hellbraune genommen. Mit Lammfell gefüttert. 158 Mark. Roswitha hat bezahlt. Bin richtig glücklich.

Noch einen Kaffee im Alsterhaus. Roswitha hat erzählt, daß sie gläubig ist. Aber sie belatschert mich nie mit Gott. Oder irgendwelchen Betstunden oder Versammlungen. Ich bin auch gläubig. Das heißt nicht, daß ich dauernd in die Kirche renne. Aber irgendwie ist es wichtig.

7.11.   —

Ich komme mit den 14 Metern Pola nicht aus. Ich brauche weiter ab und zu einen Druck. Das Gefühl!

Urinprobe bei Dr. Hambauer. Klar: Bei-Konsum. Hat keinen großen Zirkus veranstaltet. Hat gesagt, er versteht mich. Ich soll dranbleiben. Er schmeißt mich nicht einfach aus dem Programm.

9.11.

Ich sitze vor dem Alsterhaus. Plötzlich bleibt einer stehen und geht in die Knie. Ein kleiner Mann mit wenig Haar auf der Stirn, Schnauzbart und einer roten Lederjacke. Schaut sich die Fotos an, liest mein Plakat. Dann fragt er, ob ich Platte mache.

»Klar«, sage ich, »wir wohnen unter einer Brücke.«

»Ach, sind Sie zu zweit?«

»Ja, ich und mein Freund.«

Er sagt, er sucht ein Paar, das obdachlos ist. Er ist Journalist und schreibt eine Reportage für die Brigitte. Ob ich mir vorstellen könnte, bei so etwas mitzumachen? Ich habe gesagt, er muß Christian fragen. Habe ihm beschrieben, wo der steht. Und er ist los.

Irre, habe ich gedacht. Vielleicht werden wir berühmt. Vielleicht machen sie einen Film über mich. Vielleicht finden wir eine Wohnung dadurch. Ich war ganz aufgedreht.

Eine Viertelstunde später ist der Typ mit Christian zurückgekommen. Detlev Franke heißt er. Wir sind ins Alsterhaus und haben einen Kaffee getrunken. Der Artikel soll im Januar erscheinen. Detlev will überallhin mit. Unter die Brücke, zu den Kindern, an den Bahnhof, ins Drob Inn. Auch ein Fotograf soll dabeisein.

Er hat versprochen, daß wir den Artikel zu lesen kriegen, bevor er erscheint. Damit waren wir einverstanden. Dann hat er uns über das Leben draußen ausgefragt. Wir haben einiges erzählt, was harmlos war. Was wir essen, wo wir uns waschen, wie wir rumkommen. Solche Sachen. Nichts Riskantes. Er hat alles mitgeschrieben. Dann ist er gegangen.

Beide aufgeregt. Wir mit Fotos in einer Zeitschrift. Was werden sie glotzen! Die Leute vom Drob. Die Nachbarn aus Wilhelmsburg. Christians Mutter. Die Typen auf dem Sozialamt. Unsere Geschichte. In ganz Hamburg und vielleicht ganz Deutschland.

Wir müssen natürlich genau überlegen, was wir ihm erzählen und was nicht. Kein Wort über Klauen und Dealen. Und daß ich nebenzu drücke, muß er auch nicht erfahren.

In Poppenbüttel haben wir unseren Platz gut aufgeräumt. Man kriegt nicht alle Tage einen Fotografen zu Besuch.

10.11.

Mein Stammplatz von einem Penner besetzt. Gut, daß Christian dabei war. Der hat ihm ein paar Takte erzählt, dann ist er abgezogen.

Die Journalisten sind tatsächlich gekommen. Der Fotograf heißt Peter Liebenau und ist ein Dürrer mir knochigem Gesicht. Zwei Fotoapparate hat er mit sich herumgeschleppt. Wir sollten tun, als ob er gar nicht da wäre, hat er gesagt. Machen, was wir immer machen. Ich habe mich hingesetzt vors Alsterhaus. Und er hat fotografiert. Von vorn und von der Seite. Mal von ganz nah und dann wieder von weit weg. Bald habe ich ihn vergessen.

Das Betteln war nervig heute. Lauter neugierige, selbstsüchtige Geier unterwegs. Einer hat sich breitbeinig hingestellt, mein Plakat gelesen und mich von oben bis unten angeglotzt. Gaff ruhig, habe ich gedacht. Immer noch besser als die übliche Anmache nach dem Motto »Geh doch anschaffen, so wie du aussiehst, hast du die Kohle schnell zusammen.« Dann hat er in die Tasche gegriffen, eine Weile mit seinem Geld geklimpert und mich widerlich angegrinst. Rausgerückt hat er nichts.

Es kam mir eklig kalt vor. Nieselregen. Die Sonne kam ganz kurz mal durch, aber der Jungfernstieg liegt nachmittags immer im Schatten. Weil gestern so ein scharfer Wind ging, habe ich heute den beigen Dufflecoat angezogen. Ist wärmer als der Parka. Trotzdem war nach einer Viertelstunde die Kälte durch meine zwei Hosen und die beiden Pullover. Die Leute wissen, warum sie so schnell gehen.

Peter ist zu Christian, der vor Sport-Scheck Hinz & Kunzt verkauft hat. Hat ihn aus einem Fenster im 2. Stock fotografiert.

Um fünf haben sie mich abgeholt. Eine halbe Ewigkeit,

bis ich wieder richtig stehen konnte. Die Beine Eisklötze, bis in den Bauch hinein.

Kaffee im Alsterhaus. Detlev hat mir Löcher in den Bauch gefragt. Ich habe von früher erzählt, und wie alles gekommen ist. Als es Zeit für meinen Druck war, bin ich auf die Toilette.

Dann sind wir raus nach Poppenbüttel. Alle vier. Das erstemal, daß wir jemand mitgenommen haben. Auch da draußen hat Detlev noch in seinen Block gekritzelt. Für die ist der Dreck, in dem wir leben, sicher was Interessantes und Unbekanntes.

Peter hat eine Campinglampe mitgebracht. Mit Gas. Die haben wir auf den Tisch gestellt. Die Decken ausgepackt, wie immer. Peter hat fotografiert. Foto auf Foto. Mal mit Blitz, mal ohne. Mal mich, mal Christian. Mal nah am Licht, mal fast im Dunkeln. Ich war ziemlich froh, als sie endlich gegangen sind.

11.11.

Rosi ist heute mittag am Jungfernstieg vorbeigekommen, meine Freundin aus Wilhelmsburger Zeiten. Hat mich auf eine Bratwurst zu Schlemmermeyer eingeladen und erzählt, daß Kevin und Lena jetzt oft allein sind. Kevin abends um sechs noch ohne Jacke draußen in der Kälte. Ein Sechsjähriger. Und so was nennt sich Pflegeeltern.

12.11.

Das Desinfektionsmittel ist alle. Und das am Sonnabend. Hat gerade noch gereicht, die Matratze einmal abzusprühen.

Heut abend ist sie ziemlich klamm. Die Feuchtigkeit kommt aus der Luft. Von unten dringt nichts durch die Plastikfolie. Gestern nacht bin ich fünf- oder sechsmal aufgewacht, weil ich gefroren habe. Trotz Super-Schlafsack. Werde ich krank?

Am tollsten war es heute morgen. Raus aus den Dekken, rein in die eisig kalten Klamotten, genausogut hätte ich in die Alster springen können.

Sind rüber ins AEZ und haben uns in der Toilette unten gewaschen. Ich gebe der Klofrau ab und zu eine Mark. Sie ist richtig nett. Hat mir schon öfter ein Handtuch geliehen. Wenn wir nicht zu oft kommen, hat sie nichts dagegen, hat sie gesagt. Darum wechseln wir auch immer: mal Ortsamt, mal Hauptbahnhof, mal hier.

13.11.

Ein Tag für uns allein. Endlich. Keiner guckt bei allem zu. Keiner fragt bei den einfachsten Sachen, worum es geht. Für keinen muß man das Fotomodell machen.

14.11.

Bescheuert, wenn man unter der Brücke aufwacht, weil zwei Trottel ans Blech klopfen. Detlev und Peter. Die beiden waren da, schon am Morgen. Wir noch ganz verpennt. Haben uns aufgerappelt und angezogen. Auch jetzt die Fotografiererei. Und der Block.

Rüber ins AEZ. Bei ›Mein Bäcker‹ eine Tasse Kaffee. Die beiden haben ein Käsebrötchen reingezogen. Wir eine Marlboro.

Ich habe mich heimlich in einer Schaufensterscheibe angesehen.

Der schwarze Pulli paßt zu der rosa Hose und meinen blonden Haaren. Darüber der grüne Parka und ein lila Schal. Mein Gesicht ist ein bißchen rotgefroren. Um die Augen habe ich dunkle Schatten. Eigentlich bin ich hübsch, denke ich mir. Wegen der Fotos.

Mit den beiden zur S-Bahn. Eine dicke Kuh in einem hellgrauen Mantel macht sich auf dem Sitz neben mir breit. Ich schubse sie weg und sage: »Nun fahren Sie mal Ihre Pfunde auf Ihren Platz zurück. Sie ersticken mich ja.« Sie will loszicken, da guckt Peter durch die Kamera. Sie springt auf wie gestochen und sucht einen anderen Platz.

Die beiden fallen mir auf den Nerv. Heißt das, ich kann die nächsten Tage nicht mal mehr allein aufs Klo? Habe ich gedacht. Wollte sie ja nicht gleich beleidigen.

Abends, am Bahnhof, habe ich ihnen erzählt, daß ich ab und zu noch drücke. Hatte ich nicht vorgehabt. Glaube aber, sie verscheißern uns nicht.

15.11.

Mit Kevin und Lena in die Alsterschwimmhalle. Waren beide unheimlich gut drauf. Haben getobt und getaucht. Christian hat dumm geguckt, als ich es einmal quer durchs Becken unter Wasser geschafft habe. Herrlich, hinterher ganz lange duschen und frische Klamotten anziehen. Wenn ich das nicht regelmäßig habe und meine Haare fettig werden, kotze ich mich selber an. Auch Lippenstift muß sein, und das bißchen Schwarz auf den Wimpern auch.

16.11.

Ich habe in der Ambulanz Urin abgegeben. Für einen
Schwangerschaftstest. Ich hoffe, Fehlalarm. Eigentlich will
ich kein Kind mehr. Auch nicht mit Christian, so lieb ich
ihn habe. Drei reichen, mit 31. Christian ist ganz aufgeregt, seit ich ihm erzählt habe, daß meine Tage ausgeblieben sind. Unbedingt soll ich das Kind bekommen. Wo
denn? Unter der Brücke? Habe ich ihn gefragt. Bis dahin
sind wir lange woanders, meint er. »Wir haben eine Wohnung für uns. Wir sind verheiratet. Wir sind weg vom Gift.
Ich habe längst Arbeit als Gerüstebauer. Und außerdem
sind wir verheiratet.«

Verheiratet. Nochmal heiraten? Das erste Mal war schon
ein Riesenfehler. Mit Kurt ist alles schiefgegangen.

»Wie auch mit Kurt alles schiefging«

Lars, einer meiner Hasch-Kunden, hat Kurt angeschleppt.
Kurt war ein Trampel vom Land und hat sieben Jahre als
Festmacher gearbeitet. Er war zwei Köpfe größer als ich
und strohblond wie ein Straßenköter. Er hatte einen
Schnauzer und ein Kreuz wie ein Ochse. So, wie er rum-
getönt hat, war er ein Schläger-hoch-drei.

Kurt hat sich sofort in mich verknallt. Ich fand ihn öde.
Er hat nicht lockergelassen und bald sogar was von Heiraten gefaselt. »Aber ich fühle doch kein bißchen Liebe für
dich«, habe ich ihm erklärt. »Vielleicht jetzt noch nicht.
Aber die Liebe kommt von selbst, wenn man zusammen
ist.«

»Aber ich hab' auch nicht den geringsten Bock auf dich.
Ich steig' nie mit dir ins Bett, mach dir keine Hoffnun-
gen.«

»Ach, das macht nichts. Auch das kommt mit der Zeit von ganz allein.«

Ich habe ihn angesehen und mir gedacht: ›Da ist mal einer, der dich nicht antatscht. Der läßt dich in Ruhe und paßt auf dich auf. Vielleicht ganz gut, so einen im Haus zu haben, wenn man dealt. Vor dem haben sie Muffe. Und die Kinder haben einen Vater.‹ Darum habe ich nachgegeben und ihn geheiratet.

Die Hochzeit war schön. Wir haben auf dem Standesamt in Harburg geheiratet. Ich habe ein weißes Kleid aus weißer Seide angehabt, schwarze Pumps und eine kurze schwarze Samtjacke. Prima geschminkt war ich, Dauerwelle habe ich zu der Zeit sowieso immer gehabt – eine tolle Braut, viel zu schön für den öden Bräutigam.

Kevin war süß. Wie ein kleiner Gentleman in seinem schwarzen Anzug, mit schwarzen Lackschuhen, einem weißen Hemd und einer richtigen Fliege. Dazu sein Zopf hinten runter und oben das Haar ganz kurz geschnitten. Auch die Mädchen waren hübsch. Frank Ziba ist als Trauzeuge mitgegangen und Susi als Trauzeugin. War eine Zeit, in der wir uns noch ganz gut verstanden haben.

Susi und ihr Mann haben in einem winzigen Häuschen gelebt, in der Georg-Wilhelm-Straße, fast oben bei der Elbe. Nur zwei Zimmer, aber ein Garten war dabei. In dem haben wir gefeiert, es war ein schöner, sonniger Tag. Die Kinder haben Zirkusnummern vorgeführt. Sie haben eine Pyramide gebaut, Kevin war ein Tiger, von Tanja dressiert, Lena hat den Affen gemacht. Hinterher sind sie mit einem Zylinder rum und haben von allen Geld gesammelt. Wollten uns eine Hochzeitsreise davon spendieren. Was war ich stolz auf meine Kinder!

Kurts ganze Familie ist zur Hochzeit gekommen, seine Geschwister, die Mutter und die Großeltern. Auch mein Opa und meine Oma waren da. Als Geschenk haben wir von allen zusammen einen Geldbaum bekommen. Über und über mit Zehnern behängt. Nachmittags hat es Kaffee und Kuchen gegeben. Abends kalte Platten, die ich selbst am Tag vorher vorbereitet hatte. Salate dazu, und ein Faß Bier hatten wir natürlich auch besorgt. Bis in die Nacht ist es gegangen. Ein richtig tolles Fest.

Kurt ist bei mir eingezogen. Aber er hat nie versucht, mich anzufassen. Hat gewußt, daß da nichts läuft.

Als Festmacher hat er vorher 4 000 Mark im Monat verdient. Dann hat er gekündigt, weil er der private Lakai des Chefs war. Er hat ihm in seiner Freizeit den Rasen gemäht und das Auto gewaschen. Umsonst, weil er sich nie getraut hat, den Mund auf zu machen. Mit dem Arbeitslosengeld von Kurt haben wir um 13 Mark über dem Satz gelegen, bis zu dem wir Wohngeld gekriegt hätten. Jetzt mußten wir die 600 Mark für die Wohnung selbst bezahlen. Eigentlich haben wir nie Geld gehabt. Immer wieder habe ich gesagt: »Ne, so geht das nicht. Wir müssen uns wieder scheiden lassen.«

Kurt war scharf darauf, sich mal einen Schuß zu setzen. Ich habe ihn gewarnt: »Laß die Finger davon! Wenn du einmal anfängst, kommst du nicht mehr davon runter. Ich weiß, wovon ich rede.«

Eines Tages komme ich vom Einkaufen zurück, Kurt und Frank Ziba sitzen am Küchentisch. Beide zugedröhnt bis obenhin, so daß ich denke, ich sehe zwei Halbtote. Ich habe Frank am Kragen seiner speckigen Trainingsjacke gepackt und ihn rausgeschmissen. Er ist nur noch gekommen, wenn ich nicht da war. Aber es war schon zu spät. Von da an hat Kurt regelmäßig gedrückt. Wir haben noch mehr Geld gebraucht als vorher. Und das hat uns in die Geschichte mit Mubak hineingerissen.

Als wir geschieden wurden, saß Kurt schon im Knast. Drei Beamte haben ihn in Fußschellen und Handschellen zum Gericht gebracht. Ich habe gewartet, mit Kevin auf dem Arm. »Was ist denn mit Kurt?« hat er gefragt. »Warum ist er an den Armen zusammengebunden?«

»Die denken, daß er abhaut. Dabei hat er viel zuviel Angst. Der würde sich nie im Leben trauen, abzuhauen.«

In den nächsten Tagen hat er mich dann immer wieder mal gefragt: »Warum ist Kurt im Knast? Wie ist es im Knast? Wann kommt er wieder raus aus dem Knast?« Ich habe ihm die Wahrheit gesagt.

Die Scheidung selbst hat bloß fünf Minuten gedauert. Der Richter hat mich gefragt, ob ich die Scheidung weiterhin will. »Ja, klar.« Auch Kurt hat er gefragt: »Herr S., möchten Sie ebenfalls geschieden werden?«

»Ich will meiner Frau keine Steine in den Weg legen. Deshalb will ich die Scheidung auch.«

Dann waren wir nicht mehr Mann und Frau. Und ich war richtig erleichtert.

17.11.

Eigentlich hätte ich mich heute endlich in Wilhelmsburg abmelden sollen. Und beim Jugendamt müßte ich eine Bestätigung holen. Daß die alte Wohnung für mich und die Kinder unzumutbar war. Und ich im Sommer ›ohne Eigenverschulden‹ auf die Straße gegangen bin. Damit ich mich beim Landessozialamt ›ofW‹ melden kann. Nur dann kriegt man ein Hotel zugewiesen. Und das brauchen wir bald. Was soll's, ich habe es vergessen.

Christian hat seinen Sozialarbeiter auf dem Amt heute nach einer Unterkunft für uns beide gefragt. Alles, was der im Angebot hatte, waren Wohnheime. Pik-As für ihn, Nottkestraße für mich. Bleiben wir lieber draußen zusammen.

20.11.

Man hängt so rum wie jeden Sonntag. Betteln lohnt nicht, und auch sonst nichts los. Öden uns an.

21.11.

Was die ausländische Frau macht, die in meiner Nähe bettelt, finde ich voll beknackt. Ihr Baby hat sie auf dem Arm. Ihr anderes Kind ist vier oder fünf. Es sitzt ein paar Meter weiter auf dem kalten Pflaster und singt vor sich hin. Verstehe nicht, wie man einen so kleinen Wurm zum Betteln zwingen kann. Abends kommt der Alte im dicken Mercedes und holt sie ab. Nehme ich an, ich bin dann immer schon weg. Und wenn sie nicht genügend zusammengebettelt haben, kriegen sie wahrscheinlich eins in die Fresse.

22.11.

Widerlicher Tag. Manchmal geht mir das alles entsetzlich auf den Nerv. Ich hasse es, von der S-Bahn nochmal zehn Minuten zum AEZ zu latschen, in der Dunkelheit durch die Büsche zu schleichen, unter diese Scheißbrücke zu krabbeln und darauf zu achten, daß einen ja niemand sieht. Hasse es, aufzupassen, daß ich mir den Schädel nicht am Beton anschlage. Hasse den Schmutz, die Kälte, die Feuchtigkeit. Ich habe das Gefühl, der Dreck klebt an mir und ich werde ihn nie mehr los. Ich grabe nicht in der Erde, und ich wühle nicht im Müll, und trotzdem habe ich dauernd Schwarz unter den Fingernägeln. Was für ein Aufstand, die sauberzukriegen. Nie werde ich mich an den Dreck gewöhnen.

Außerdem habe ich heftige Schmerzen im Unterleib. Habe mir beim Pinkeln im Wald wohl eine Blasenentzündung geholt.

Den ganzen Tag habe ich mich mit Christian in der Wolle gehabt. Wegen lächerlicher Kleinigkeiten – wie bescheuert. Weil ich noch Zigaretten kaufen mußte, statt in die S-Bahn zu hetzen. Weil ich keinen Bock auf die Vanille-Milch hatte, die er mir immer kauft. Weil der Typ im Kiosk am Jungfernstieg sich stur gestellt hat wie ein Idiot, als er unser bißchen Kleingeld wechseln sollte. Hat bloß den Kopf geschüttelt. Der andere macht nie einen solchen Aufstand.

23.11.

Man könnte meinen, die Leute wollten uns rausfuttern. Erst der Chinese, der ab und zu auftaucht. Hat mir einen Plastikteller hingestellt, in Alufolie, mit irgendwas Süß-Saurem drin. Habe es hinterher in den Mülleimer geschmissen. Ich mag Chinesisch nicht. Dann eine Frau mit Essensgutscheinen. Drei zu 2,50 Mark für die Stadtbäckerei am Gänsemarkt. Vom Immuno-Plasma-Institut. Hatte sie wohl noch von einer Blutspende, war ihr hinterher wohl der Appetit vergangen.

Die meinen das nett. Aber wir brauchen das nicht, bei dem bißchen, was wir essen. Mal eine Wurst, mal ein Hanuta, abends ein Schoko-Croissant oder ein paar Cornflakes, das reicht völlig für meine 45 Kilo. Christian ist ja genauso ein Hering. Wer viel raucht, hat eben weniger Hunger.

24.11.

Mit der S-Bahn nach Veddel zu den Kindern. Detlev und Peter immer dabei. Ist schon ganz selbstverständlich. Ich bin allein hoch in die Wohnung. Theo war heute nicht da, nur Susi. Habe nicht viel mit ihr geredet. Wir verstehen uns nicht besonders, seit sie mit Theo zusammen ist. Leider ist nur Kevin mitgekommen. Lena hat eine Gehirnerschütterung. Kevin hat sich um Detlev und Peter nicht weiter gekümmert. Wir sind zu Planten un Bloomen gefahren. Dort die meiste Zeit auf den Plastikbergen rumgerutscht. Einmal wollte Kevin unbedingt daß ich mit ihm durch eine der engen Röhren krieche. Ich mit meiner Platzangst. Habe fast einen Herzinfarkt gekriegt.

Hinterher zu McDonald's im Dammtorbahnhof. Für Kevin eine Juniortüte, mit einem grünen Monsterauto. Die Idefix-Figur, die ihm in seiner Asterix-Sammlung noch fehlt, hatten sie leider nicht. Wir Erwachsenen haben Hamburger gegessen. War ganz lustig.

Als wir Kevin zurückgebracht haben, war Tanja auch da. Plötzlich waren wir am Streiten.

»Du kotzt mich an, Mama. Dauernd quatschst du davon, daß jetzt endgültig Schluß ist mit Drücken. Nichts davon ist wahr. Schau in den Spiegel! Nichts tust du! Was aus uns wird, ist dir scheißegal. Komm mir bloß nicht mehr mit Versprechungen. Ich glaube dir kein Wort mehr!«

Ich hatte ein Gefühl, als würde mir jemand in die Brust greifen und ganz langsam darin herummatschen. Dann habe ich ihr eine gescheuert und sie angepflaumt. Ich lasse mir das nicht bieten. Auch wenn sie vierzehn ist. Ich bleibe ihre Mutter. Und habe immer noch das Sorgerecht.

25.11.

Ich habe es geahnt. Ich bin schwanger. Im dritten Monat. Aber irgendwas stimmt nicht, hat die Ärztin in der Ambulanz gesagt. Muß schleunigst zur Frauenärztin. Vielleicht kommen meine Schmerzen nicht nur von der Blasenentzündung. Sicher wird's wieder eine Risikogeburt. Davor habe ich Muffe. Nochmal packe ich das nicht.

Christian will das Baby. Er will ein Kind und zwar von mir. Warum kapiert er nicht, daß es mein Körper ist und daß ich wissen muß, ob ich das Kind will.

Außerdem wäre das Baby polasüchtig und müßte erst entwöhnt werden. Sechs Wochen Tiefschlaf gleich nach der Geburt.

Aber er hört mir überhaupt nie richtig zu. Nimmt das nicht ernst. Als ob er den Empfangsknopf abschaltet. Interessiert ihn nicht, was bei einer Geburt aus mir wird. Geht schon alles klar, leiert er immer. Wie eine Platte mit einem Knacks.

26.11.

Christian ist weg. Um zwei haben die Läden zugemacht. Ich habe eingepackt und wollte zu ihm. Er war nicht da. Andere Hinz & Kunzt-Verkäufer haben gefragt: »Suchst du deinen Mann? Der ist schon um eins runter zur S-Bahn.« Am Hauptbahnhof habe ich Müller getroffen, alten Kumpel von ihm. »Ne, hab' ihn nicht gesehen. Aber wenn du ein warmes Plätzchen suchst . . .«

Auf einmal mußte ich wahnsinnig heulen. ›Jetzt hat er mich sitzenlassen‹, habe ich gedacht. ›Alles endgültig vorbei.‹ Eine alte Frau hat sich zu mir runtergebeugt und mir die Tränen aus dem Gesicht gewischt.

»Ach Mädchen, was sind Sie so schrecklich traurig. Wollen Sie mit mir nach Hause kommen?«

»Ich kann nicht«, habe ich gesagt »ich muß warten, vielleicht kommt er noch.«

Ein grauhaariger Mann ist stehengeblieben: »Entschuldigen Sie, haben Sie einen Sterbefall? Kann ich irgendetwas für Sie tun?«

Ich bin raus nach Poppenbüttel. Habe vorher noch Cornflakes und Gummibärchen gekauft und Kerzen angezündet und auf dem Tisch aufgebaut. Jetzt sitze ich davor. Christian ist nicht da. Und warte.

27.11.

Irgendwann ist er aufgetaucht, mitten in der Nacht. Ich habe mich riesig gefreut, und auch er war ganz gut drauf, hatte was getrunken. Irgendwann waren wir wieder mitten im Streit. Ich habe ihn angefleht: »Ich will das Kind nicht haben, ich will es nicht. Mein Leben ist mir wichtiger. Außerdem habe ich Blasenentzündung. Ich muß sofort ins Krankenhaus.«

»Nirgendwo gehst du hin!« hat er geschrien, »du willst nur das Kind wegmachen lassen.«

Ich habe mir in den Bauch geboxt und gebrüllt, daß ich es selbst wegmache. Er hat mich festgehalten. Mir plötzlich eine reingehauen.

Er hat ganz irre geguckt. Ich habe auf einmal Todesangst gekriegt. »Laß mich los, Christian, ich kauf' mich von dir frei. Ich geb' dir Geld, ich werd' mich verpachten, aber laß mich gehen.«

Er ist total abgedreht. Hat mich an beiden Armen gepackt, gewürgt und versucht, mich zu küssen. Er liebt mich, hat er gesagt er liebt mich doch, nur mich, wenn ich ihn verlasse, bringt er sich um . . . und lauter solche Sprüche.

Die ganze Nacht ist das so gegangen. Ich habe mich gefühlt wie ein Klotz aus Eis. Mich hat einmal im Leben ein Mann tyrannisiert. Ich habe mir geschworen, ich mache das nie wieder mit. Wie soll ich einen Mann, der mich geschlagen hat, noch so gern haben wie vorher?

Zwischendurch ist er eingenickt. Ich auch. Gleich wieder aufgeschreckt. Aus Angst, daß er durchdreht. Was hat er genommen? Koks? Crack? Hat ihn jedenfalls furchtbar verändert.

Morgens zur S-Bahn. Fragt immer wieder, ob ich ihm verzeihe. Ja, damit ich meine Ruhe habe. Muß ihm versprechen, nie abzuhauen. Er findet mich, sagt er. Egal, wo ich mich verstecke.

Zu spät bei der Ambulanz. Ich spüre den Affen. Raus zur Brücke. Er hat noch sein Pola. Ich verspreche ihm, das Kind zu behalten. Verspreche, ihn zu heiraten. Verspreche, ihn ewig zu lieben. Verspreche ihm alles, was man versprechen kann. Er gibt mir neun von seinen zwölf Metern ab.

Zurück zum Bahnhof. Einer kommt zu uns rüber. Dürrer Mann, nicht größer als ein Kind. »He, Macke«, sagt Christian, »auch wieder draußen? Wo pennst du?«

»Bei einem Kumpel in der Bremer Reihe. Deine Braut? Wollen wir ein Bier bei mir trinken?«

Ich habe keinen Bock, Christian will. Die Bude stinkt nach Hund. Die beiden trinken und quatschen über Knakkis. Der Typ stiert mich an. »Ihr braucht doch nicht rausfahren. Könnt ja bei mir pennen. Im Bett ist Platz für drei.« Christian sagt nichts. Irgendwann schnallt er, was los ist. Zurück in den Dreck.

28.11.

Es ist alles nicht mehr so, wie es war. Wir haben die Kinder abgeholt, sind auf den Spielplatz. Hinterher zu McDonald's. Ich weiß nicht, ob sie mitgekriegt haben, daß wir Streit hatten. Anmerken lassen haben sie sich nichts. Detlev war dabei. Ich habe ihm alles erzählt.

29.11.

Hinz & Kunzt ausverkauft. Christian hat's mit Betteln versucht. Aber so unrasiert, wie er seit Tagen rumläuft, ist natürlich nichts draus geworden. Gerade mal zwölf Mark. Das Wetter widerlich, es nieselt ab und zu.

Ich habe mich heute ungeheuer müde gefühlt, als ich am Jungfernstieg saß. Habe gedacht, wir sind dauernd unterwegs, rein in die S-Bahn, zu Fuß zur Ambulanz, mit dem Bus zur Apotheke, S-Bahn in die Innenstadt, zu Fuß zu Hinz & Kunzt, dauernd auf den Beinen, nur damit das Leben weitergeht, von einem Tag zum nächsten. Manchmal träume ich davon, in einer Wohnung zu sitzen, mich im Sessel zurückzulehnen und den Kindern beim Spielen zuzusehen. Ein stinknormales Leben. Nichts weiter.

30.11.

Wir giften uns den ganzen Tag an. Nachts will er dann was von mir. Ich kann nicht.

1.12.

Vormittags zusammen zum Landessozialamt. Christians Sozialarbeiter hat immer noch kein Hotel für uns. Aber im November hat das Wohnschiff für Obdachlose aufgemacht. Die ›Floatel Stockholm‹ in Neumühlen. Er will dafür sorgen, daß wir dort einen Platz kriegen. Weil wir ein ›eheähnliches Verhältnis‹ haben und ich bald ›ofW‹ gemeldet bin. Ob ein Zimmer nur für uns oder ein Bett für zwei oder zwei Betten nebeneinander in einem Raum mit mehreren, das ist unklar. Ist mir auch egal. Ich weiß gar nicht, ob ich das überhaupt noch will.

Christian hat seine 370 Mark Sozialhilfe für die nächsten zwei Wochen geholt. Ich kriege meine Sozi erst nächsten Donnerstag. Dann rausgefahren zu den Kindern. Auf dem Bahnhof Veddel plötzlich der große Schreck: Der Zug fährt ab, und wir stehen ohne Schlafsäcke da. Jetzt haben wir nur noch die Decken. Paßt einfach alles.

2.12.

Es nieselt. Man hört das Tropfen von den Büschen. Eine ältere Frau hat die Daunendecke gebracht, die sie mir vor ein paar Tagen versprochen hatte. So habe ich wenigstens eine Unterlage zum Sitzen. Trotzdem starke Schmerzen im Unterleib. Weiß nicht, was wird.

3.12.

Detlev war da. Wir haben uns zu Nagel reingesetzt, die Kneipe in der Kirchenallee. Draußen alles grau. Drin war's wenigstens warm. Blasentee aus der Apotheke. Heißes

Wasser, kostet soviel wie Tee. Detlev hat ein Diktiergerät angeschaltet. Soll ruhig wissen, was für ein Arsch Christian ist. Sollen alle wissen.

Christian hat Bier gesoffen und nichts kapiert. Vollkommen weggetreten. Ich habe ihm erklärt, daß ich das Kind nicht zur Welt bringe. Nicht nach seinem Ausbruch Samstag nacht. Endgültig. Nehme an, er hat es geahnt. Kokst, drückt, schluckt die ganze Woche, was er kriegen kann. Wie konnte ich so einen lieben?

Hat sich bei Detlev beschwert, daß ich nicht mehr mit ihm bumse. »Und dann lieg' ich die halbe Nacht wach und heule.« Mir kommen die Tränen.

Bin zwischendurch raus und habe mir einen Druck gemacht. Christian hat vor sich hingelabert. Und gesabbert.

Als ich wiederkam, hatte er Detlev einen Brief gekritzelt. Ich habe ihn gelesen.

»Es gibt Leute, die mich umbringen wollen. Einige haben alte Rechnungen offen. Ich habe Morddrohungen bekommen. Und Julia weiß: Wenn wir auseinandergehen, bleib' ich nicht auf dieser Welt.«

Was für ein Theater. Bloß weg von dem Mann, so schnell wie möglich.

5.12.

Ich habe Christian seit heute morgen nicht mehr gesehen. Ist den ganzen Tag nicht am Jungfernstieg aufgetaucht. Sitze allein unter der Brücke. Breit von Tabletten. Alles dunkel. Regnet, was runterkann. Wenn er heut nicht kommt, ist das hier meine letzte Nacht.

Zwischen vier Wände

7.12.

Kein Christian die ganze Nacht. Habe gefroren und vor mich hingedämmert. Wieder der falsche Mann. Am Morgen Klamotten zusammengepackt und weg. Nie mehr hierher.

Zum Sozialamt, Frau Stolte. Habe ihr gesagt, wie's mit mir aussieht. »Sie haben drei Möglichkeiten, Frau S. Entweder ein Hotel auf St. Georg. Die Nottkestraße. Oder Ihre alte Wohnung. Paßt Ihnen das alles nicht, muß ich Sie bei uns abmelden. Dann müssen Sie sich beim Landessozialamt ›ofW‹ melden.«

Tolle Wahl. Ins Hotelzimmer zu Säufern und Nutten. Ins Obdachlosenasyl, wo sie einem das Hemd unterm Hintern wegklauen. Oder zurück auf die Straße, wo ich draufgehe.

»Also gut, ich gehe an den Rotenhäuser Damm.« Habe bei Frau Linse von oben geklingelt, die angeblich den Schlüssel hatte. Sie hat mich reingelassen. Den Schlüssel hat sie nicht gefunden. Habe mir eine Decke von ihr geliehen und den Keller aufschließen lassen. Da lag noch eine alte Matratze von mir. Paar Tabletten rein. Die erste Nacht zu Hause. Und Christian fehlt mir so.

Am Morgen hat Frau Linse den Schlüssel gefunden. Bin in die Wohnung. Nicht auszuhalten. Flur und Wohnzimmer hatten sie leergeräumt. Küche auch. Nichts mehr drin. Alles kahl. Im Kinderzimmer aber noch ein Haufen Müll.

139

Kein neuer Teppichboden, nirgends. Keine frischen Tapeten, kein Fleckchen neu gestrichen. Auch das Loch im Küchenfenster noch da. Von wegen: alles renoviert. Meine Wohnung. Und das Blut noch an der Wand.

Auf einmal haben meine Kinder gelacht. Bin ins Kinderzimmer gerast. Alles leer. Habe die Hände auf die Ohren gepreßt. Wenn ich allein bleibe, drehe ich durch.

In die Stadt. Habe alle möglichen Leute gefragt, ob sie Christian irgendwo gesehen haben. »Wenn du ihn triffst, richte ihm aus, daß ich ihn echt power-lieb hab. Er soll sich nichts antun, er soll zum Jungfernstieg kommen, ich habe Neuigkeiten.«

Am Nachmittag war er plötzlich da. Ziemlich kaputt, verschmiertes Gesicht. Aber lebt noch. Hat gezittert, daß er keine Zigarette drehen konnte. Habe ihn an die Hand genommen, und wir sind nach Wilhelmsburg.

Die Heizung hat funktioniert, knallheiß, wie früher, man konnte sie immer noch nicht kleiner stellen. Auch das Wasser lief. Haben uns im hinteren Zimmer aus Klamotten ein Bett gebaut. Joint geraucht. Miteinander geschlafen. In der Wärme, ganz allein.

Ich habe gedacht, wenn er jetzt bei mir bleibt, versuchen wir es nochmal. Ein paar Tage ausruhen. Dann von vorn anfangen.

8.12.

War beim Sozialamt. Habe der Stolte erzählt, wie es aussieht in der Wohnung. Sie will sich um die SAGA kümmern. Hat mir einen Gutschein für ein Bett gegeben.

Zu Theo. Er ist mit mir zum Dänischen Bettenlager gefahren. Habe mir eine Matratze für 90 Mark und eine

Decke ausgesucht. Er hat alles zu mir nach Hause gebracht. Gut, daß er diesen VW-Bus hat.

9.12.

Ich finde ihn einfach zum Kotzen. Christian. Und ich habe gedacht, ich liebe ihn noch. Habe eine Sonnenbrille für ihn gekauft, als Geschenk. Ganz scharfe, wie in Miami Vice. 40 Mark. Bringe sie nach Hause. Er liegt rum und stinkt nach Bier. Glotzt blöd, als ich ihm das Päckchen gebe. Packt aber aus.

»Was soll das? Hast du die gekauft?«

»Ja, für dich, Liebes.«

»Bist du bescheuert? Was hat die gekostet?«

»40 Mark. Aber das ist doch egal.«

»Spinnst du jetzt total? 40 Mark! Zum Fenster raus!«

Hat die Brille genommen. Und sie mittendurch gebrochen. Ich bin auf ihn los. Er hat mich wieder geschlagen. Ins Gesicht. Zum zweiten Mal. Dann ist er hochgetorkelt. Und zur Tür raus. Ich will ihn nie wiedersehen. Nie nie nie. Habe mich zugeschüttet mit Valium.

12.12.

Die Klingel. Schleppe mich zur Tür. Marietta. Kenne ich noch aus der Zeit in Altona. Wie eine Leiche, die Frau. Ganz weiß, Riesenaugen, fettiges schwarzes Haar. Schwarzer Rollkragenpulli, schwarze Jeans, schwarze Lederjakke.

»Julia, kennst du mich noch?« Habe mich richtig erschrocken. Sie ist nur ein Jahr älter als ich.

Ist gestern aus dem Knast gekommen. Nach einem Jahr.

Schlimme Zeit. Frauen, die sie immer wieder vergewaltigt haben. Vor zwei Monaten ist ihr Freund plötzlich weggeblieben. Kein Besuch mehr, und sie keine Ahnung, was los war. Vor einem Monat hat man ihn in seiner Wohnung gefunden. Vier Wochen, nachdem er sich in der Badewanne die Pulsadern aufgeschnitten hat. Ein Bulle hat ihr alle Einzelheiten erzählt.

Sie war ganz eigenartig. Die ganze Zeit abwesend, als ob sie nichts richtig interessiert. Nur die Finger sind dauernd rumgeflattert.

Haben uns zusammen einen Druck gemacht. »Bleib doch heut nacht hier«, habe ich gesagt. Sie wollte auf keinen Fall. Habe versucht, sie zu überreden. Sie zieht 200 Mark aus ihrem Portemonnaie und fragt: »Kannst du die für mich aufbewahren? Ich muß nämlich jetzt los.« War mir dann auch egal. Muß jeder selbst wissen, was er will.

»Meldest du dich in den nächsten Tagen?«

»Ja, mach' ich. Du hörst von mir«, hat sie gesagt, als sie die Tür hinter sich zugemacht hat. Komische Frau. Ist mir ganz fremd inzwischen.

13.12.

Christian ist nicht mehr wiedergekommen. Heute, am Bahnhof, fragt Rüdiger, ob ich meinen Freund suche. Ich habe keinen Freund.

Hat erzählt, Christian hat jetzt wohl einen richtigen Knacks im Hirn. Wie ein Amokläufer. Dauernd zieht er Leute ab. Zeitungen und Stoff. Manche haben Angst, sich zu wehren. Wissen, daß er unheimlich brutal wird. Von anderen hat er schon was in die Fresse gekriegt. Kann ich ab, hat er früher rumgetönt. Wenn ihn jetzt einer absticht – mir wär's sowas von egal.

15.12.

Abends vor den Arkaden. Giorgio. »Weißt du Bescheid, Julia?« Sie haben Marietta gefunden. An dem Abend, an dem sie bei mir war, ist sie in ein Hotel auf St. Georg. Hat reichlich Tabletten geschluckt. Und sich einen Überdruck gesetzt. Hat nicht mal einen Zettel geschrieben. »Ich kann nicht mehr« oder so was. Kein Wort. Ich bin todtraurig. Würde auch am liebsten den Kopf irgendwo hinlegen und die Augen zumachen und nie mehr auf.

16.12.

16. Dezember ist heute, habe ich wo gelesen. Scheißegal. Meinetwegen 27. August oder 5. April. Wen interessiert das. Die Ämter, niemand sonst.

»Das kann nicht sein, daß Sie letzte Woche hier waren, das hätte ich in meiner Akte stehen.« Sowas. Die interessieren sich nur für Zahlen. Für Leute bloß, wenn sie was drüber aufschreiben können. Damit man sieht, wie sie sich totarbeiten.

20.12.

Kinder abgeholt. Ins Kino. »König der Löwen«. Wunderschön. Ich weine immer im Kino. Die Kinder besuche ich regelmäßig. Dafür lebe ich. Sie sollen nicht sehen, wie es mir geht.

21.12.

Der Tod von Marietta haut mich um. Muß aufhören, darüber nachzudenken. Sonst drehe ich ab. Aber ich kann nicht.

Eigentlich kümmert es niemand von uns, wenn man vom soundsovielten Drogentoten hört. Fehlt doch immer mal wieder plötzlich einer, den man kennt. Kann jedem so gehen, ganz schnell. Wozu sich das Leben damit noch schwerer machen?

Aber wenn es eine Freundin ist! Mir ist eingefallen: Als wir auf den Decken lagen, voll breit, hat sie mich gefragt: »Leben nach dem Tod. Glaubst du an so was, Julia?« Ich war gut drauf, keine Lust, über was Schwieriges zu reden. Hätte ich doch. Vielleicht hätte ich was gesagt, daß alles anders gekommen wäre. Mache mir wahnsinnig Vorwürfe. Hat sie es wirklich gesagt? Will nicht mehr zum Bahnhof. Die ganzen Leichen. Will ich nicht mehr sehen.

22.12.

Fühle mich so schwarz innen drin. Dauernd Tod. Maren hat auch Aids. Schon über ein Jahr. Lebt sie? Ich will's gar nicht wissen.

23.12.

Bei Dr. Hambauer. Urinkontrolle. »Wie kann ich Ihnen jetzt Vorwürfe machen. Sie haben alles verloren, was Ihnen lieb ist. Ich verstehe, wie Ihnen zumute sein muß.« Hätte ich ihn nicht, wäre ich weg.

25.12.

Superweihnacht. Keine Kohle, keine Schore. Vollgeknallt mit Tabletten bis zur Oberkante. Tag verdämmert. Wenn ich rauskam, nachgeschmissen. Ach Christian. Er fehlt mir so.

29.12.

Geh über den Bahnhofsvorplatz. Da: Christian. Am Boden, zwischen ein paar Typen. Treten ihn in die Rippen, schlagen mit Fäusten auf ihn ein. Habe mich durchgedrängt und sie angeschrien. »Wenn ihn noch einer tritt, kriegt er dermaßen von mir ans Maul geschlagen!« Sie haben blöd gegrinst, aber von ihm abgelassen. Er am Boden. Glasige Augen, hat nichts geschnallt, Sabber lief aus dem Mund, und Blut. Habe ihn hochgezerrt und mir seinen Arm über die Schulter gezogen. Zugedröhnt bis obenhin, vollgepumpt bis zum Anschlag, und dann noch Bier. Immer nur: »Schatz, Schatz, ich lieb' dich doch. Ich brauch' ein paar Mark, leih mir mal deinen Geldbeutel.«

»Ja, ja«, habe ich gesagt.

Habe ihn über den Platz geschleppt, Schritt für Schritt. Er ist immer wieder weggeknickt, und ich bin fast umgekippt mit ihm. Rüber zum Hotel Lilienhof. Dann konnte ich nicht mehr. Habe ihn an die Wand gesetzt. »Ich geh' ins Drob und hol' jemand. Bitte Schatz, bitte, bitte, bleib hier sitzen.« Sie haben nicht aufgemacht. Ich bin zurück. Christian war nicht mehr da. Habe ihn auf der anderen Straßenseite gesehen. Am Obstladen. Hat höchst auffällig zwei Äpfel geklaut und zu mir rübergerufen »Pscht. Pscht. Gib mir doch mal deinen Geldbeutel.« Mich abziehen, der Arsch. Wo ich ihn gerade rausgehauen habe.

Trotzdem bin ich rüber. Voll weg, mein Liebes. »Komm doch mit nach Hause.«

»Gut, gut, mein Schatz. Geh nur um die Ecke und wart auf mich.«

»Wieso denn das?«

»Weil ich unbedingt noch was erledigen muß, mein Schatz.« Was hätte ich tun sollen? Als ich nachgesehen habe, war er verschwunden.

Das ist erledigt. Ganz klar jetzt, er will nichts von mir. Außer Kohle. Und ich habe sein Kind im Bauch.

3.12.

Ich lach' mich tot. Horoskop in der Hamburger Morgenpost. »Im Januar, März und August stehen die Chancen auf eine große Liebe für alleinstehende Zwillinge nicht schlecht. Helfen Sie dem Glück nach. Gehen Sie auf ihren Traumpartner zu.«

Ich könnte explodieren vor Haß, wenn ich mal einen Moment zu lange mit den Tabletten warte.

3.1.

Jungfernstieg. Die Kälte zieht von unten durch die Beine in den Bauch. Gut für das Kind ist das nicht.

5.1.

War vormittags beim Frauenarzt. Er hat mich untersucht und wurde immer aufgeregter. »Das gibt's doch gar nicht. Ich höre keine Herztöne von dem Kleinen. Entweder ich finde sie nicht, oder . . . ich will mir das nochmal genauer ansehen.«

Mußte nachmittags wiederkommen. Herzversagen, hat er festgestellt. Hat es wohl schon gewußt. »Wir müssen sofort die Geburt einleiten.« Örtliche Betäubung. War schlimm. Habe gewußt, da kommt nur etwas Totes raus, und trotzdem die Schmerzen wie bei einer echten Geburt. So sinnlos.

Ging dann ganz schnell. War traurig und erleichtert. Mit dem Taxi nach Hause. Und habe jetzt erst geweint, als ob ich nie mehr aufhören könnte.

9.1.

Bin zu Staffelt. Habe gesagt, ich will die Kinder. Und zwar jetzt. Bin nicht mehr damit einverstanden, daß sie bei Theo sind. Ich habe das Sorgerecht.

Frau S., hat er gesagt, wir haben eine Verabredung. Welche Verabredung? Ordentliche Wohnverhältnisse, die Sucht im Griff. Bis dahin bleiben die Kinder bei Herrn Knoll. Das ist Hilfe zur Erziehung. Arsch.

10.1.

Kevin ist wieder von der Schule weggelaufen. Ich sage: »Schatz, du kannst doch nicht immer einfach zu Mama kommen.«

»Wieso?« fragt er. Habe ihn nicht zurückgebracht. Ist den ganzen Tag hiergeblieben.

Nachmittags bin ich mit ihm zu Theo und Susi. Aber da war keiner. Wir haben den Ranzen stehenlassen, damit sie wissen, daß er da war. Dann sind wir in die Pommes-Bude.

Hinterher waren sie da. »Schreit ihn bloß nicht an«, habe ich zu Susi gesagt. »Er war die ganze Zeit bei mir.«

12.1.

Scheiß-Tag am Jungfernstieg. Abends runter zur U-Bahn. Mein Silber wechseln. Der Typ von Stilke hat auf mich gewartet.

»Über dich ist eine Geschichte in der ›Brigitte‹!« Richtig aufgeregt war er. Ich ganz cool. Habe mir die »Brigitte« gekauft. Vorne eine Frau im blauen Badeanzug im Meer. Jetzt mitten im Winter. Aber daneben groß: »Obdachlos – Mein Leben unter der Brücke.«

Habe mich auf den Boden gesetzt und den Artikel gesucht. Sieben Seiten über uns. Jede Menge Fotos. Auf einem mache ich gerade Kevin den Anorak zu, auf der Rutsche in Planten un Bloomen. Christian unter der Brücke ziemlich bescheuert. Mund auf, Augen nach hinten, wie voll zugedröhnt.

Habe gleich gelesen. Und voll gegrient. Detlev hat alles geschrieben, wie's war. Nichts dazu erfunden. Habe mich riesig gefreut.

Zum Hauptbahnhof und Christian gesucht. Habe ihn auch gefunden. Auf dem Mäuerchen. Zugeknallt bis obenhin. Habe ihm die Brigitte gezeigt. Wie in Zeitlupe hat er geblättert. Mund auf, Augen halb zu. Wie auf dem Bild. Dann ist ihm die Zeitung aus der Hand gefallen. Und nichts kapiert. Habe ihn sitzenlassen und bin weg. Ich hasse ihn wie die Pest. Und liebe ihn aber auch furchtbar.

13.1.

Mein Pola. Kriege es schon eine ganze Zeit in der Apotheke in Wilhelmsburg. Der Apotheker ist ein freundlicher Mann, Herr Korus. Erzähle ihm immer, was mir passiert. Und er hört zu. Ich versuche, mit den vierzehn Metern auszukommen. Ich will weg. Ist nur so schwer.

20.1.

Alsterhaus. Ein komischer Opa kommt vorbei. Reporter von einer Zeitschrift, ›Das Neue‹ oder so. Christians Mutter kennt ihn. Hat ihm den Artikel in der Brigitte gezeigt. Jetzt will er auch über mich schreiben. Haben uns abends bei Max & Consorten getroffen. Gegenüber vom Drob. Habe ihn von vorn bis hinten vollgelabert und lauter Pillepalle erzählt. Von Theo und von den Kindern. Von einem neuen Freund und wie glücklich ich darüber bin. Und so'n Quatsch. ›Tolle Story‹, meint er hinterher.

Er hat versprochen, daß er für meine Kinder andere Namen benutzt. Wie Detlev das gemacht hat. 250 Mark hat er bezahlt. Morgen lasse ich mich auch noch fotografieren.

23.1.

Gestern mit Kevin und Lena bei McDonald's. Kevin hat erzählt, daß sie umziehen wollen. Wohin, hat er nicht gewußt. Aber Lena. »Ja, wir ziehen nach Lauenburg.«

»Na, da habe ich auch noch ein Wörtchen mitzureden.«

Als ich sie abends zurückgebracht habe, habe ich gesehen, daß der Wohnwagen vor der Tür weg war. »Wo ist denn der Wagen«, habe ich Susi gefragt. »Den mußten wir wegschaffen. Jost hat schon ein paarmal rumgetönt, daß er ihn anstecken will.« Ihr Ex-Mann. »Und was ist dran an dem Umzug?«

»Ja«, sagt sie, »die Wohnung ist zu klein. Wir ziehen nach Lauenburg.«

»Klein oder nicht, das ist mir egal. Lauenburg ist mir auf jeden Fall zu weit. Wie soll ich da die Kinder besuchen?« Das werden sie sich noch mal überlegen, denke ich.

26.1.

Bleibt eine Frau mit silbernen Löckchen am Jungfernstieg bei mir stehen. Und zischt von oben runter: »Sie haben auf Ihrem Schild ein paar Sätze über Obdachlosigkeit stehen. Ich habe das schon einmal gelesen und Ihnen auch geglaubt. In einem Artikel habe ich jetzt erfahren, daß Sie hier betteln, um Ihre Drogensucht zu befriedigen. Sie sind eine Lügnerin. Oder sind Sie verrückt? Sagen Sie, in welcher Wirklichkeit leben Sie eigentlich?«

Dumme Kuh. Was weiß die von meiner Wirklichkeit. Beschissene Wirklichkeit.

3.2.

Gestern zur Harburger Chausee, die Kinder abholen. Habe geklingelt. Niemand macht auf. Habe Sturm geläutet. Nichts rührt sich. Dann habe ich hochgeguckt zu den Fenstern: alle Gardinen ab, die Blumen weg. Leere Löcher. Die sind tatsächlich weggezogen.

Heute morgen bin ich zur Schule. Frau Zischke, Kevins

Lehrerin, hat mir erzählt, daß sie von einem Tag auf den anderen nicht mehr in die Schule gekommen sind. So einfach geht das? Kinder von der Mutter weg. Schon zum zweiten Mal. Und es spielt keine Rolle, wie glücklich wir mal zusammen waren.

»Wie wir zusammen glücklich waren«

Die beiden Mädchen haben im hinteren Zimmer geschlafen, der Lütte bei mir im Bett. Als die Mädchen klein waren, durften sie das auch. Gleiches Recht für alle.

Ich habe keines von den dreien in den Kindergarten geschickt. Kindergarten, das heißt für mich: Stundenplan, Erzieherinnen, Strafen. Das hat mich immer an ›Heim‹ erinnert. So etwas wollte ich meinen Kindern auf jeden Fall ersparen. Zu Hause bei mir hatten sie es besser. Ich war wie eine Freundin für sie, wir haben über alles geredet und hatten keine Geheimnisse voreinander. Ich habe sogar Verständnis gehabt, wenn sie aus der Schule weggelaufen sind. Staffelt hat immer gesagt »Sie tun den Kindern keinen Gefallen, Frau S. Ohne Konsequenz geht es in der Erziehung nicht.« Aber ich habe mir meine Kinder nicht kaputtmachen lassen.

Morgens haben wir manchmal zusammen gefrühstückt. Tanja ist losgelaufen und hat Brötchen vom Bäcker geholt. Milch und Cornflakes gab es, Marmelade oder Wurst, kam ganz darauf an, was jeder wollte.

Mittags habe ich gekocht. Am liebsten mochten sie, wenn ich einen Braten gemacht habe. Den hätten sie fast jeden Tag gegessen, egal ob Rind oder Schwein. Tanja hat mich oft gelobt: »Der ist bei dir so zart, daß das Fleisch richtig auseinanderfällt. Und trotzdem saftig.« Zwiebeln rein, Pfeffer, Salz, ab und zu mit Wasser übergießen . . .

Ich konnte das prima, obwohl ich nie irgendeinen Kurs gemacht habe.

Die Kinder waren beim Kochen meistens dabei und haben mir geholfen. Kevin hat Mehl mit Wasser angerührt und wichtig rumgekräht: »Ich hab' die Soße mit Mama gemacht!« Lena war genauso stolz: »Ich hab' Paprika geschnitten!« Und Tanja hat den Tisch gedeckt. Unheimlich viel gelacht haben wir in der Küche. Und rumgeschrien, weil immer irgendwas zu Bruch gegangen ist.

Alles haben sie gehabt. Beide Mädchen ein Mountainbike – bis Mubak sie ihnen weggenommen hat. Lena eine Puppenkarre, die Puppe dazu und einen Buggy. Kevin hatte ein Dreirad, ein kleines Fahrrad, und einen Trecker zum Draufsitzen. Am liebsten hat er mit seiner Carrerabahn gespielt. Weihnachten vor einem Jahr hatte ich ihnen eine Videoanlage geschenkt. »In einem Land vor unserer Zeit« haben wir uns oft zusammen angesehen.

Geburtstage haben wir immer ganz groß gefeiert. Ich habe nachts schon Girlanden und Luftballons aufgehängt. Wenn die Kids am Morgen aus dem Zimmer gestürmt sind, waren sie total von den Socken. Ich habe Torte gebacken, mit der Zahl darauf, wie alt sie wurden. Andere Kinder waren zu Besuch, wir haben Topfschlagen gespielt und Kartoffellaufen. Statt Eierlaufen, weil keine Eier im Kühlschrank waren.

Manchmal sind wir mit den Fahrrädern weggefahren. Wir haben am Bunker geguckt, ob wir den Uhu zu Gesicht kriegen, der ganz oben wohnt und angeblich so groß ist, daß er Menschen packt. Meistens sind wir auf den Spielplatz daneben, manchmal auch in den Stadtpark oder zu Planten un Bloomen. An der Seilbahn haben wir gewettet: Wer läßt sich von am weitesten oben in den Sand runterfallen? Ich habe immer Angst gehabt, mir was zu brechen. Erst wenn Tanja kommandiert hat: »Jetzt«, habe ich losgelassen. Gewonnen hat Kevin. So klein, aber soviel Power und keine Spur von Angst. »Kevi, bist du nicht ganz dicht«, habe ich geschrien, wenn er wieder mal von ganz weit oben runtergeplumpst ist. »Du kannst dir doch weh tun.« Wenn wir rumgetobt haben, habe ich mich selbst wie ein richtiges Kind gefühlt.

Ich bin auch gern gelaufen. Einmal ist Tanja auf die Idee gekommen, die Zeit zu stoppen. Ich bin ganz rum um den Assmann-Kanal, auf der anderen Seite der Georg-Wilhelm-Straße. Jeden Tag bin ich schneller geworden. Am vierten hat sie gesagt: »Oh Mama, wow. Das war Rekord. Schneller wirst du nicht mehr. Jetzt können wir zu Hause bleiben.«

Immer wenn ich weg war, hat Tanja auf die Kleinen aufgepaßt. Oder sie sind zu einer Nachbarin. Ich habe immer gewußt, wo sie waren.

Einmal habe ich allerdings Riesenangst gekriegt, Angst, daß ich Tanja verlier'. Sie war fünf, und sie wollte unbedingt die hohen, klotzigen Schuhe aus Holz. Erst fand ich die blöd, aber dann hat sie sie trotzdem gekriegt. Weil ich ihr ja fast alles gekauft habe, sie mußte nur den Mund verziehen. Mit den Schuhen ist sie hinterm Haus über den Zaun zum Spielplatz gekrabbelt. Auf einmal rutscht sie ab, mitten auf den Draht, von da knallt sie voll auf den Boden. Ich höre durchs Fenster, wie sie schreit und renne raus. Sie steht gerade wieder auf, taumelt aber noch ziemlich. Ich laufe hin, will sie auffangen. Aber sie rutscht mir zwischen den Armen durch und kracht auf einen Stein. Der Kopf federt zurück von dem Aufprall. In ein paar Sekunden hat sie ein Horn. So dick, daß ich fürchte, es platzt gleich.

Ich rufe einen Nachbarn, der uns sofort ins Krankenhaus Großsand fährt. Sie kommt unter den Röntgenapparat. Nicht zum erstenmal, sie hat immer ziemlich wild rumgetobt.

Der Arzt zeigt mir die Röntgenbilder. »Da haben Sie Glück gehabt, Frau S. Es ist alles in Ordnung. Eine harmlose Prellung.«

Aber ich sehe auf dem einen Bild ganz deutlich einen Schatten. »Natürlich, den sehe ich auch. Aber das ist nur der Schatten der Fontanelle. Die ist bei Tanja noch nicht ganz zusammengewachsen.«

Das find ich dreist: »Spinnen Sie mich nicht voll. Ich habe schon öfter Röntgenbilder von Kindern gesehen. An der Stelle war nie ein Schatten zu sehen! Da ist irgendwas!«

»Frau S., bewahren Sie Ruhe. Sind Sie Arzt, oder ich?«

Was soll ich noch sagen? Er klebt Tanja ein Pflaster auf die Beule, und ich nehm sie wieder mit nach Hause.

Über Nacht wird ihr Gesicht dick. Am Morgen rufe ich Dr. Herbst an, die Vertretung meines Hausarzts Dr. Kiebel. »Machen Sie doch mal das Pflaster ab und schauen Sie, wie es darunter aussieht«, bitte ich ihn, als er Tanja untersucht. »Tja, das ist in dem Fall gar nicht nötig. Es ist vollkommen eindeutig: Das Kind hat Scharlach.«

»Wie bitte? Jetzt hat mein Kind auch noch Scharlach? Ich dreh' hier gleich durch. Nehmen Sie jetzt bitte das Pflaster ab!«

»Sag mal, Tanja, wollen wir das Pflaster abreißen?« fragt er das verängstigte Kind. Und Tanja, der der ganze Kopf weh tut, sagt natürlich »Nein«, ist ja logisch. »Keine Sorge, Tanja, wir lassen es auch dran«, sagt er.

Am nächsten Morgen ist sie total entstellt. Das Gesicht aufgedunsen, sie kriegt die Augen nicht mehr auf. Mit dem Notarztwagen rasen wir ins Krankenhaus.

Die Ärzte pflaumen mich erst mal an: Warum ich denn erst jetzt komme, so wie sie aussieht? Als ich ihnen beipule, was Sache ist, werden sie still. Tanja muß ganz schnell operiert werden. Sie liegt auf der Bahre und schreit:

»Mama, Mama.« Es fährt wie ein Messer durch mich durch, ich kriege fast einen Nervenzusammenbruch. Dann raste ich aus.

»Ich lass' sie nicht allein«, schreie ich, »ich gehe hier nicht weg, ich lass' sie nicht allein.« Und klammere mich an der Tür zum OP fest. Sie kriegen mich nicht weg. Sie kommen nicht rein mit dem Bett.

Eine Schwester drückt mir einen Telefonhörer in die Hand. Ich soll mit jemand sprechen, zu dem ich Vertrauen hab. Ich rufe meinen Vater an, der gerade zu Besuch bei meiner Oma ist. Wieso ihn, weiß ich heute noch nicht. Ich hasse ihn wie die Pest. Ich weiß nicht, was in dem Moment in mir vorgegangen ist.

Mein Opa ist am Apparat. Ich weine und bettle: »Gib mir Papa, gib mir Papa.« Aber er hört nicht mehr gut: »Ich versteh' dich nicht, Julia. Was ist denn los?«

»Papa soll sofort ins Krankenhaus nach Großsand kommen. Es ist was Schreckliches passiert«, sage ich immer wieder, und irgendwann kapiert er, was ich will. Ein paar Minuten später ist mein Vater da. Tanja hat er echt lieb, mag er sonst sein wie er will.

Er faßt mich an den Schultern: »Komm Julia, laß die Tür los. Es geht um Tanjas Leben, da ist jede Sekunde wichtig. Laß die Leute machen, dann wird alles gut.« Ein Arzt gibt mir eine Spritze in den Hintern. Ich setze mich auf einen Stuhl und zittere und warte. Sie operieren. Als alles vorbei ist, spricht mein Vater mit den Ärzten.

»Weißt du überhaupt, was los war?« sagt er, als er mich nach Hause bringt. »Wärst du 12 Stunden später gekommen, wäre Tanja blind geworden. Sie hatte Eiter im Kopf. 24 Stunden später hätten sie gar nichts mehr machen können. Sie wäre tot gewesen.« Sie hatten den Eiter abgesaugt, es ist alles noch mal gutgegangen.

Später hab ich mit Dr. Kiebel über die Schweinerei gesprochen, die da passiert ist. »Wissen Sie, Frau S., Sie als Sozialempfängerin haben keine Chance gegen die Ärzte. Vergessen Sie eine Klage! Gegen Sie halten die alle zusammen. Oder sind Sie im Rechtsschutz? Nein? Dann vergessen Sie's!« Immerhin hat er Dr. Herbst angerufen und zur Sau gemacht. Er darf ihn nie wieder vertreten.

Ganz schön lange her, das alles. Ganz schön lange her.

10.2.

Jungfernstieg. Christian steht auf einmal vor mir. Hält mir eine Zeitschrift unter die Nase und fragt: Was soll das? Sie haben den Artikel gebracht. »Wer einmal auf der Straße lag, der ist bei allen unten durch.«

›Gerda‹ hat der Opa mich genannt, die Namen der Kinder hat er nicht geändert. Ein Idiot. »Nun glaubte sie, einen Zipfel des Glücks erwischt zu haben . . .« Und so ein Zeug, laber, laber. Dazu Fotos, wie ich vor der Alster stehe.

Christian hat die Zeitschrift von einem Bekannten bekommen. Und war stinkeifersüchtig, als er was von einem neuen Freund gelesen hat. Ich sage: »Wenn du nicht da bist, MUSS ich mich ja woanders umschauen!« Und er: »Von wegen. Das hat jetzt ganz schnell ein Ende.« Ich: »Du kannst beruhigt sein, den Typ gibt es nicht wirklich.« Da ist er in die Knie und hat mich geküßt. Was zu gaffen für die Leute.

Wir haben Cola gekauft und eine Tüte Gummibären, dann wir sind raus zu mir. So glücklich.

Im Bus hat er erzählt. Als wir auseinander waren, hat er erst im Hotel gewohnt. Mit einem andern zusammen. Dann haben sie angefangen zu schuften. In Bahrenfeld, bei der Trabrennbahn, haben sie ein Containerdorf für Obdachlose mitaufgebaut. Projekt Friedenspfeife, die Chefs sind Katholiken aus dem Bauwagen auf St. Pauli, bei dem es im Winter Essen gibt. Zwölf Container haben sie in ein-einhalb Wochen aufgestellt, unten sechs, darüber nochmal sechs, eine Treppe hinauf und oben rum ein Geländer. Am Ende haben sie innen alles verkleidet, wegen Feuerschutz. 10 Mark haben sie in der Stunde verdient. Und durften als erste einziehen. Zwei Mann in jedem Container, drei Wochen ist er dageblieben.

Und jetzt ist er wieder hier. »Die Sache mit der Zeitschrift war nur Zufall«, hat er gesagt. »Ich wär' sowieso zurückgekommen.« Ich glaube es einfach. Bin happy bis zum Geht-nicht-mehr.

11.2.

Christian immer noch da. Er bleibt auch. Hat sich hier angemeldet. Wir wollen jetzt klarkommen. Mit allem. Auch mit Pola. Vorgestern haben wir uns den letzten Druck gemacht. Affig sind wir nicht. Aber es fehlt einfach was. Alles ist so öde.

12.2.

Rauchen Hasch, um uns abzulenken. Sind beide genervt. Motzen uns an wegen lächerlichem Scheiß. Die Sonntage sind am schlimmsten. Aber haben bis jetzt durchgehalten.

13.2.

32 Mark heute. Betteln wird immer schwieriger, Geld immer weniger. Früher habe ich manchmal 80, 90 Mark gemacht. Wenn es heute 50 sind, bin ich froh. Immer mehr

Leute, die obdachlos sind und betteln. Aber auch immer mehr Betrüger.

Viele, die jetzt betteln, sind sauber und top-gepflegt. Immer neue Klamotten und Schuhe. Der eine kriegt 3 000 Mark Rente und bettelt hier rum. Der andere schreibt auf sein Schild, er hat Aids. Gar nichts hat er. Auch die Behinderten im Rollstuhl haben genug Kohle. Wenigstens ist der weg, der behauptet hat, er hat Leukämie. Mit richtig Leukämie wäre der keine Stunde draußen gestanden. Der Typ vom Ordnungsamt hat ihm Jungfernstiegverbot erteilt.

Ich habe noch meinen festen Platz am Alsterhaus. Sie lassen mich, weil sie niemand anderen da wollen. Wissen, daß ich die Leute nicht anlabere und keinen Krach mache. Abends lasse ich keinen Müll zurück. Auch die Polizisten kennen mich und quatschen ab und zu mit mir.

14.2.

Bei Hambauer. Bin zufällig zu früh ins Sprechzimmer. Er hat einem jungen Mann gerade eine Spritze verpaßt. Tetanus, Cholera, was weiß ich. War sofort wieder nadelgeil. Hab's kaum erwartet, wegzukommen. Aber kein H mehr, bloß kein H.

Am Bahnhof ein Kügelchen Koks gekauft. Zu Hause einfach auf den Tisch gelegt. Haben uns angesehen, hektisch. Dann beide einen reingeballert. Gut. Als ob der Körper sagt: »Na also!« Wieder ein Flop mit uns.

16.2.

Heute morgen war Staffelt da. Christian ist raus und hat gesagt, ich bin nicht da. Habe keinen Bock, mit ihm zu reden. Er hat ihn gefragt, was der Umzug der Kinder soll. »Wieso?« sagt Staffelt. »Frau König hat doch davon gewußt. Sie hat die Einwilligung unterschrieben.«

Habe ich eine Einwilligung unterschrieben? In der steht, daß meine Kinder wegziehen dürfen? Haben die die Unterschrift gefälscht? Kenne mich im Augenblick nicht aus.

17.2.

Christian motzt. Hat ewig Ärger mit seinem Arzt. Mal ist er nicht da, trotz Termin, mal nur ein Kollege, der kein Pola verschreibt. Jetzt wollte er ihm gar nichts mehr geben. »Wiederholter Bei-Konsum«. In der Apotheke haben sie trotzdem was rausgerückt. Wenn man bei einem Junkie Pola absetzt, muß man ihn ausschleichen, so jeden zweiten Tag einen Meter weniger. Von 15 Meter auf Null, von einem Tag auf den anderen, das geht gar nicht, haben sie gesagt. Da platzen ihm ja die Innereien.

Ich habe mit Dr. Hambauer geredet. Er übernimmt Christian auch noch.

Hambauer ist einfach power. Einmal hat er mir 100 Mark geschenkt, einfach so, weil er wußte, daß ich bettle. »Ich habe bestimmt ein Helfersyndrom«, hat er gemeint.

23.2.

Lustiger Abend mit drei Pfeifen Hasch. Haben angefangen, unsere Narben zu zählen. Aber bald wieder aufgehört. Wir sehen beide aus, als hätte man uns durch eine Häckselmaschine geschoben. Tausende von Narben in der Haut. Löcher auf der Brust, Schnitte in der Leiste, Schnibbsel am Handgelenk, Wülste am Arm. Tanja hat mal gesagt: »Mama, wir können nie wieder mit dir baden gehen!« Bin trotzdem im Badeanzug ins Wasser. Und sie haben sich nicht geschämt.

24.2.

War bei Staffelt. Er war richtig fröhlich heute. Kenne ihn schon, seit ich in Wilhelmsburg wohne. Meistens komme ich einigermaßen klar mit ihm. Läßt es einen nicht spüren, daß er ein Beamter ist. Wie viele andere. Läuft in Jeans und mit einem Rucksack durch die Gegend und trägt einen Ring im Ohr. Aber er setzt auch Druck dahinter, wenn er meint, daß jemand einen beschissen hat. Oft ist er leider nur bockstur. Geht mir dann sowas auf den Geist.

Trotzdem einer von den besten, von all den Sozialarbeitern, mit denen ich zu tun gehabt habe. Habe sie fast alle gehaßt. Heime stopfen, Eltern kaputtmachen, Familien zerstören! Was anderes haben die nicht im Kopf.

Habe irgendwo gelesen, daß Zwillinge in ein Heim gekommen sind. Zu Hause waren sie angekettet gewesen und waren fast verhungert. Aber dann mußten sie wieder zu den Eltern zurück. Ein Reporter hat die Kinder ausgefragt. »Im Heim ist es viel schöner als zu Hause«, haben sie gesagt. Und solche Eltern kriegen ihre Kinder wieder!

27.2.

Wenn die Polizisten am Jungfernstieg auf mich zukommen und mit mir reden, wird mir manchmal ganz anders. Diese ganzen Anzeigen von den Klauereien in den Kaufhäusern. Irgendwann muß da mal noch was nachkommen.

28.2.

Spät aus der Stadt. Bahnhof Veddel. Bin die einzige, die aus der S-Bahn steigt. Der Bahnsteig leer. Auf einmal Panik. Habe wieder genau vor Augen, was an dieser Stelle im Sommer passiert ist.

»Was im Sommer in Veddel passiert ist«

Ich war bei den Kindern. Wir sind nachmittags spazierengegangen und haben abends eine Benjamin-Blümchen-Kassette gehört. Ist ziemlich spät geworden, eins oder so. Dann bin ich los, Richtung Veddel, zum Bahnhof. Kein Mensch mehr auf der Harburger Chaussee. Auf einmal höre ich Schritte hinter mir. Männerschritte. Ich gehe schneller. Der Mann auch. Ich kriege entsetzliche Angst. Wie eine Faust, die das Herz zusammenpreßt. Ich laufe fast. Aber er bleibt hinter mir.

Dann bin ich am Bahnhof. Kein Mensch mehr da. Der Typ ist fünf Meter hinter mir. Ich höre ihn japsen. Ich hetze die Treppe hoch auf den Bahnsteig. Vielleicht stehen da noch Leute. Niemand. Da ist er auf einmal ganz nah bei mir. Ich drehe mich um. Und kriege einen Schlag an den Schädel, daß ich aufs Pflaster krache.

Er wirft sich auf mich, preßt mir eine Hand auf den Mund

und zischt: »Wenn du schreist, bring' ich dich um.« Er stinkt widerlich nach Schnaps. Ich drehe den Kopf weg und schreie um Hilfe. Er zerrt an meinen Hosen, kriegt sie nicht auf. Ich strample mit den Beinen und versuche ihn zu kratzen. Da schlägt er auf mich ein, wie ein Wahnsinniger, immer wieder mit Fäusten auf den Kopf und ins Gesicht und in den Bauch. Ich brülle vor Schmerzen, krümme mich, schmecke Blut im Mund und wimmere dann nur noch in mich rein. Wegtreten. Bewußtlos werden.

Aber ich kriege alles mit. Er reißt mir das T-Shirt hoch, die Hosen runter und fällt über mich her. Es tut schrecklich weh. Es dauert eine Ewigkeit.

Irgendwann höre ich jemand rufen. Er hört es auch, richtet sich auf. Torkelt auf die Beine, über den Bahnsteig davon.

Ein junger Türke kommt die Treppe hoch. Er sieht, wie der Typ am anderen Abgang verschwindet. Läuft ihm hinterher.

Ich liege da. Ich weine wie noch nie. Dann muß ich würgen und kotze Galle, immer wieder.

Der Türke kommt zurück, hat ihn nicht mehr erwischt. Er hilft mir hoch und gibt mir ein Taschentuch fürs Gesicht. Ich zittere vor Haß und Ekel und würge Schleim. Er legt mir seine Jacke um und führt mich die Treppe runter. Vorsichtig, Schritt für Schritt, bis zur Bushaltestelle. »Schlimm, schlimm«, sagt er immer wieder und klopft mir auf den Rücken. »Aber wird alles gut.«

Dann kommt der Nachtbus. Der Fahrer macht große Augen: »Was ist denn mit Ihnen passiert? Soll ich nicht lieber einen Krankenwagen rufen?«

Ich will nichts erzählen. Nichts, nichts, nichts. Will nicht, daß jemand erfährt, was passiert ist. »Sie möchte nach St. Georg ins Krankenhaus«, sagt der Türke. »Ich bringe sie da hin.«

Im Bus lege ich den Kopf in die Arme. Weinkrämpfe die nicht aufhören. Ich will niemand sehen. Schreie den Türken an: »Guck mich nicht an!« Ich bin ein Stück Dreck. Schmutzig. Eklig.

Am Hauptbahnhof steigen wir aus. Ich sage zu dem jungen Mann: »Hier deine Jacke. Laß mich jetzt in Ruhe.«

»Komm, ich bring' dich zum Krankenhaus.«

»Du sollst mich in Ruhe lassen«, brülle ich ihn an.

Dann schleppe ich mich durch den Steindamm. Ewig. Immer wieder anhalten. Ein Messer im Bauch. Stiche im Herz. Rasen im Kopf. Nie mehr kann irgendwas gut werden. Am liebsten wegsein.

Notaufnahme im Krankenhaus. Röntgen. Eine Ärztin fährt mir mit irgendwas Spitzem in die Scheide. Spermaprobe für die Polizei. Sie verbinden mich. Sieben innere Schädelprellungen. Sie geben mir ein Schmerzmittel.

»Das war's.«

»Aber ich weiß nicht, wo ich hin soll.«

»Tut uns leid. Wir haben kein Bett frei.«

Aber ich will selbst weg. Niemand sehen. Wegkriechen. Ein Treppenhaus in St. Georg. Am Ende.

10.3.

Es klingelt. Dann donnert auch schon jemand gegen die Tür. »Sofort aufmachen. Kriminalpolizei.«

Wir gucken uns an. Riesenpanik. Sie hämmern zum zweiten Mal dagegen. »Los, unter die Klamotten!« sagt Christian. Ich blitzschnell und ganz leise rüber ins Kinderzimmer. Wühle mich unter den Wäscheberg. Ziehe Hemden, Jeans, alte Pullis und Tücher über mich. Mache mich so winzig wie möglich. Es muffelt widerlich, aber ich traue mich sowieso kaum zu atmen.

Ewigkeiten. Ich höre nichts.

Irgendwann dann Christian:

»He, wo bist du denn?«

Ich strampele mich frei. Alles in Ordnung. Sie hatten nur ein paar Fragen wegen einer alten Schlägerei im Pik-As.

Allzuoft halte ich einen solchen Streß nicht aus.

14.3.

Habe heut nacht von Staffelt geträumt. Monatserster. Ich wollte Geld vom Sozialamt holen. Natürlich mal wieder der Computer kaputt. Immer ist am ersten der Computer kaputt. Also sollte ich am nächsten Tag nochmal kommen. In dem Augenblick stürmt Staffelt aus seinem Zimmer: »Ich habe den Computer falsch programmiert! Lebensgefahr! Alle auf die Straße, beeilen Sie sich, Frau S.!« Da war es schon zu spät. Der Boden hat gewackelt, ein Krach, als ob eine U-Bahn durch den Keller fährt, Steine poltern aus der Wand, Staub überall und Leute schreien. Ich bin zum Ausgang gerannt, aber mit dem Fuß in einem Spalt hängengeblieben und umgeknickt. Ein Stich im Herz und ich habe gedacht: »Jetzt ist alles aus.« Das letzte, was ich höre, wie Staffelt brüllt: »Wo ist die Sicherung? Man muß den Computer abstellen!« Dann bin ich aufgewacht. Der Stich im Herz war immer noch da.

3.4.

Meine Tage schon wieder eine ganze Zeit drüber.

16.4.

Ostern heute. Warum habe ich nicht einfach mal drei Wünsche frei? Wie im Märchen. So als Ostergeschenk.

Als erstes würde ich in eine größere Wohnung umziehen, mit allem Drum und Dran. Jedes Kind könnte sein eigenes Zimmer einrichten, wie es ihm gefällt, mit Zweiercouch und Sessel. Kevin kriegt sein Traumbett und seine Rutsche. Bei mir stelle ich eine Dreiercouch rein, mit Federkern, zum Ausziehen, und zwei Sessel. Auf den Tisch wieder ein Aquarium. Und einen Schaukelstuhl würde ich mir gönnen.

Als nächstes würden Christian, ich und die Kinder für immer glücklich zusammenleben. Ohne daß wir jeden Pfennig dreimal umdrehen müßten. Wir könnten kaufen, was wir wollten. Wir würden uns lieben und gesund sein, und einer wäre für den anderen da.

Und dann immer noch soviel Geld, daß Christian den Führerschein machen kann. Ich würde einen kleinen, gebrauchten Mercedes-Laster besorgen. Und er könnte sich selbständig machen.

Schönes Märchen.

56 Mark eingenommen, gestern.

11.5.

Fahre in der S-Bahn, plötzlich geht es mir durch und durch. Vor mir albern ein paar Mädchen rum. Die eine mit dem Rücken zu mir sieht aus wie Tanja. Ich stehe auf und gukke. Tanja. Ich gebe ihr von hinten einen Kuß. Sie zuckt zusammen, holt aus und will zuschlagen. Da sieht sie mich. »Mama«, sagt sie. Und guckt komisch. Vielleicht sehe ich ja nicht so toll aus. Klapperdürr.

Ich sage, »Tanny, du mußt mir unbedingt eure Adresse aufschreiben.«

»Wieso? Hast du die nicht? Wir haben uns schon gewundert, daß du nicht kommst. Susi hat gesagt, du willst wohl nicht.«

»Was«, sage ich. »Ich weiß von nichts. Ich weiß nur, daß ihr in Lauenburg seid.«

»Aber du hast doch die Einwilligung unterschrieben.« Habe ich nie unterschrieben. Ich stecke ihr 50 Mark zu, dann muß ich raus. In der Tür höre ich, wie die anderen fragen: »Wer war das denn, Tanja?«

»Meine Mutter.«

18.5.

Letzte Woche waren wir im Rathaus hier. Bei der Sozialarbeiterin, die jetzt für uns zuständig ist. Frau Buttgereit. Eine neue, weil wir in einem ›eheähnlichen Verhältnis‹ leben. Hat mich von oben bis unten angesehen: »Sagen Sie mal, Sie sind doch schwanger.«

»Weiß ich nicht«, habe ich gesagt. »Na, dann lassen Sie sich mal schleunigst untersuchen.«

Heute morgen zum Arzt. Ich bin im 3. Monat. Christian freut sich wahnsinnig. Es ist sein Kind. Und ich bringe es zur Welt. Für ihn.

29.5.

Es geht mir nicht gut, schon ein paar Wochen. Nehme immer mehr ab, habe ein dauerndes Stechen im Oberschenkel. Habe Dr. Hambauer davon erzählt. Könnte sein, daß der Ischiasnerv eingeklemmt ist, hat er gemeint. Hat mir ein paar Spritzen verpaßt und Salbe mitgegeben, zum Einreiben. Hat nicht geholfen. Letzte Woche konnte ich das Bein nicht mehr biegen, dann gar nicht mehr bewegen. Jedesmal ein wahnsinniger Stich. Vom Arzt habe ich Krükken bekommen, aber damit konnte ich nur eine kurze Zeit rumhumpeln.

Mit Betteln war nichts mehr. Christian ist statt mir ein paarmal hingegangen, hat aber nie viel mitgebracht. Mit mir ist es immer schlimmer geworden. In den letzten Tagen hat Christian mich sogar anziehen müssen, ich habe bitterlich geweint vor Schmerzen. Konnte in der Wohnung nur noch rumkriechen. Auf 38 Kilo runter.

Heute morgen hat Dr. Hambauer sich geweigert, mir weiter Pola zu verschreiben. »Ich kann es nicht länger verantworten, Julia. Ich will nicht dein Leben auf dem Gewissen haben. Du mußt jetzt ins Krankenhaus. Auch im Krankenhaus kriegst du Pola.«

Ist zwar dauernd wolkig und regnet. Aber auch alles grün. Und ich soll ins Krankenhaus.

5.6.

Von wegen: Auch im Krankenhaus kriegst du dein Pola! Am Anfang haben sie mir die 14 Meter auf zweimal am Tag verteilt. Ganz blöd war mir, mein Körper hat das nicht gewollt. Dr. Hambauer hat die Ärzte auf den Pott gesetzt. »Entweder Frau S. kriegt ihr Pola so verabreicht, wie sie es braucht, oder sie wird verlegt!« Und plötzlich, ruckzuck, gings. Jetzt geben sie mir die 14 Meter am Stück, und damit komme ich klar.

Habe ein Zimmer für mich allein. Haus A, Station C 4. Alle fünf Minuten kommt jemand gucken. Aus Angst, daß ich ihnen wegsterbe? Ist nicht ausgeschlossen.

Inzwischen haben sie mich sechs-, siebenmal geröntgt, von allen Seiten, kreuz und quer und überall, auch noch EKG und Ultraschall, und am Schluß haben sie mich in eine Röhre gesteckt, Schichtbilder quer durch. Ich hoffe, daß es dem Kind nicht schadet.

Jetzt haben sie auch ein Ergebnis. In meiner Hüfte steckt eine abgebrochene Nadel, wenn ich sie richtig verstanden habe. Und auch im Herz ist eine. Sie bohrt langsam ein Loch. Außerdem habe ich eine Entzündung an der rechten Herzklappe. Wegen der habe ich so stark abgenommen.

Habe heute mit dem Chirurg gesprochen. »Die Nadeln können wir nur durch eine Operation entfernen, Frau S.«, hat er gesagt. »Aber wir können Sie erstmal nur an der Hüfte operieren. Nicht am Herzen. Sie sind substituiert. Sie wiegen gerade noch 38 Kilo. Ihr Kreislauf ist angegriffen. Ihr Herz zu schwach. Die Gefahr, daß es zu Komplikationen kommt, ist zu groß. Die Chancen, daß Sie so eine Operation überleben, stehen nicht gut. Sagen wir mal: 40 zu 60. Das ist zu riskant. Wir beobachten Sie erst mal weiter. Bis Sie wieder zu Kräften kommen.«

Die Hüfte erstmal? Na, ich weiß nicht.

Christian jeden Tag zu Besuch. Sonst würde ich durchdrehen.

6.6.

Jeden Morgen wecken sie mich um Viertel nach fünf. Heute hab' ich mich bei Christian darüber beschwert. Und er: »Du wirst lachen, Schatz. Seit du hier drin bist, wach' ich doch jeden Morgen um Viertel nach fünf auf.« Wenn er doch einfach hier schlafen könnte.

Bin über den Flur gelatscht. Auf einmal ist mir schlecht geworden, und ich bin umgekippt. Sie haben mir gleich

Sauerstoff gegeben. Jetzt hängen hinterm Bett die Schläuche aus der Wand. Und immer eine Maske dran. Falls mich plötzlich der Kurzschluß trifft. Operieren lasse ich mich besser nicht. So ein Risiko.

7.6.

Gestern haben sie mich auf einer Sitzwaage gewogen. 40 Kilo. Heute haben sie mich in ein anderes Zimmer verlegt. Zu einer alten Oma.

Christian kommt jeden Tag. Wenn er nicht wäre, würde ich hier draufgehen. Oder wäre längst wieder weg. Draußen passiert nicht viel Neues. Er hängt meistens in der Stadt rum. Ab und zu verkauft er Hinz & Kunzt oder bettelt.

8.6.

Jeden Tag Valium und Pola. Schlafe viel, zwischendurch lese ich, Bunte und Stern und Brigitte. Lese jede Zeitung zwei-, dreimal durch. Bin gebildet, wenn ich hier rauskomme.

Am meisten interessiert mich alles über Medizin. Herzstörungen können dadurch entstehen, daß man schon immer Durchblutungsstörungen hatte. Trifft haargenau auf mich zu.

Alle schreiben jetzt über die Ölplattform, die die Engländer in der Nordsee versenken wollen. Eine Schweinerei.

Und in Amerika ist eine ganz traurige Geschichte passiert: Ein Mann und eine Frau, beide nicht mehr die Jüngsten, haben unbedingt ein Kind gewollt. Die Frau wurde schwanger, der Mann war Seefahrer und mußte wieder weg.

Über Funk hat er von der Geburt gehört. Hat sich riesig gefreut. Als er zurückkam, ist er voller Begeisterung ans Babybett. Hat das Kleine aus der Decke gewickelt, wollte es auf den Arm nehmen. Und ist fast in Ohnmacht gefallen. Sein Baby hatte keine Beine. Er wollte mit der Frau nichts mehr zu tun haben und ist spurlos verschwunden.

9.6.

Ein anderer Arzt war heute da und hat auf mich eingeredet. »Sie müssen sich operieren lassen. Die Nadeln müssen raus. Kann sein, daß sie im Körper zu wandern beginnen. Das ist lebensgefährlich. Lassen Sie uns das möglichst bald erledigen. Wir haben hier hervorragende Spezialisten, bei denen sind Sie in den besten Händen!«

»Ne«, habe ich gesagt, »erst wenn hundertprozentig klar ist, daß das gutgeht. Ich lass' doch nicht an mir herumschneiden, wenn ein Chirurg Angst vor der Operation hat. Würden Sie das vielleicht?«

»Das ist eine andere Sache, Frau S. Aber die Garantie, die Sie wollen, kann Ihnen kein Arzt der Welt geben.«

»Ich will, daß der absolut sicher ist, daß die Operation Erfolg hat. Dann bin ich einverstanden. Vorher nicht.«

10.6.

Die Omi hat irgendwas am Magen. Meistens schläft sie. Wenn sie wach ist, erzählt sie von ihrem Sohn in Hannover. Landschaftsgärtner, und sie macht sich Sorgen um die Ehe. Seine Frau kann nicht mit Geld umgehen. Und schnauzt die beiden kleinen Kinder immer an. Langsam kenne ich die Geschichten.

Einen Fehler hat sie. Immer wenn das Essen kommt, muß sie auf den Topf. Ausgerechnet.

11.6.

Um vier wollte er da sein. Zehn nach vier und immer noch nichts zu sehen. Ich bin in Tränen ausgebrochen und auf dem Flur rumgeirrt. Halb fünf ist er die Treppe hoch. Gekeucht wie ein Marathonläufer. Bin ihm heulend entgegen. »Du weißt doch, daß ich komme. Egal was ist«, hat er gesagt und mich in den Arm genommen. Glaub das mal jemand.

12.6.

Immer länger hier, immer beschissener geht es mir. Habe wahnsinnige Angst. Die Nadel im Herz, wenn die sich verschiebt ... Die Operation mit der Mini-Chance ... als ob ich zwischen zwei Wänden stecke. Und die rücken langsam näher zusammen.

Mag mich gar nicht im Spiegel ansehen. Stockweiß, Augen tief im Kopf, die Haut dürr wie Papier. Die Lippen sieht man fast nicht, so trocken sind sie. Fertig.

Von den Kindern nichts gehört. Christian kommt jeden Tag. Aber was treibt er den Rest der Zeit? Welche Weiber lernt er kennen? Jeden Tag die gleichen Geschichten. »Mach dir keine Sorgen, Schatz. Ich bleib' dir treu, das weißt du doch.« Wie soll ich das wissen? Überhaupt nicht traue ich ihm.

14.6.

Zu Hause, total am Arsch. Warte. Fast wahnsinnig geworden, heute nachmittag. Um zwei kommt er, hat er versprochen. Um drei noch nicht da. Mir ging's dreckig, Magen-
schmerzen, und widerliche Gedanken im Kopf. Der hat
sich eine Frau mitgenommen. In meine Wohnung. Hüdelt
jetzt mit ihr da rum. In dem Augenblick. In meiner Wohnung. Auf unserem Bett. Wie vergiftet im Kopf. Habe nicht
verstanden, wie er mir das antun kann. Ein Weinkrampf
nach dem anderen. Habe in den Teddy gebissen, den er
mir mitgebracht hat. Dann habe ich's nicht mehr ausgehalten. Habe meine Klamotten genommen, bin aufs Klo
und habe mich angezogen. Noch schnell einen Zettel auf
mein Tischchen: »Mein Mann ist heute nicht zu Besuch
gekommen. Ich mache mir wahnsinnige Sorgen, ob was
passiert ist. Ich muß mir Gewißheit verschaffen und melde mich morgen auf jeden Fall. Julia S.«
Dann habe ich mich rausgeschlichen. Habe den Bus
genommen, die 242 bis Heimfeld, zur S-Bahn nach Veddel, den 155er nach Hause. Geschwitzt, alles tat mir weh,
konnte kaum laufen, aber wollte wissen, woran ich bin.
Wenn er wirklich mit einer anderen pennt, bringe ich ihn
um.
Die Wohnung abgeschlossen. Christian nicht da. Hier
hat sich nichts verändert. Keine Klamotten von einer anderen Frau. Vielleicht ist er in einer anderen Wohnung. Und
treibt es dort mit ihr.
Ich gehe nicht mehr zurück. So was von egal, was aus
mir wird. Bin so verzweifelt. Heule nur noch.

15.6.

Mitten in der Nacht ist er gekommen. Solche Augen, als er mich gesehen hat. Ich wollte nur noch, daß er mich festhält. Kein Funken Kraft mehr.

»Aber Schatz, ich hab' doch im Krankenhaus angerufen. Die sollten dir ausrichten, daß ich heute nicht kann. Ich mußte dringend mit einem Typen in Bahrenfeld etwas klären, es geht um altes Geld. Haben die dir nichts gesagt?« Richtig besorgt. Hat auf mich eingeredet, ich müßte zurück. Ganz gesund werden. »Hinterher machen wir uns eine unheimlich schöne Zeit.« Ach, ich habe ihn lieb. Natürlich hat er telefoniert.

Heute ist auch mein Geburtstag. Hätte nie im Leben ertragen, den im Krankenhaus zu feiern.

Heute morgen haben wir zusammen geschlafen. Er war supervorsichtig und hat sich dauernd Sorgen gemacht, ob mir nicht alles zuviel wird. Haben Erdbeermilch getrunken und Kekse gegessen und einen schönen Joint gebaut. Gut, wieder mal was andres zu sehen als Schwestern und Ärzte. Habe gemerkt, daß ich noch normal bin.

Nachher gehen wir raus.

17.6.

Zum Hauptbahnhof sind wir. Wollten zum Jungfernstieg und ein bißchen spazierengehen. Im Bahnhof unheimlich viele Leute. »Kirchentag«, hat einer gesagt. Vor der Wandelhalle ist mir kalt geworden, und ganz schnell immer kälter. Dann weiß ich nichts mehr.

Christian hat es mir hinterher erzählt. Ich bin einfach umgekippt. Lag auf der Erde mit plötzlich ganz blauen Lippen, habe nicht mehr geatmet. Er hat seinen Mund auf meinen gedrückt und Luft in mich reingeblasen. Bis der Rettungswagen da war. Die Sanitäter haben mich an ein Sauerstoffgerät angeschlossen und ins AK St. Georg gebracht.

»Hätten Sie Ihre Frau nicht rechtzeitig beatmet, hätten wir sie nicht mehr zurückholen können«, hat einer von ihnen zu Christian gesagt.

8.6.

Im Krankenhaus behaupten sie steif und fest, daß niemand für mich angerufen hat. Riesenschlamperei. Wundern sich, wenn ich abrücke. Machen mir hinterher noch Vorwürfe: »Wie können Sie das nur tun? Es ist reines Glück, daß Sie überlebt haben. Wenn das noch mal passiert, können wir Ihnen für nichts garantieren . . .« So Sprüche.

9.6.

Wieder dieser andere Arzt. »Frau S., Sie müssen sich entscheiden. Ich lege Ihnen die Operation dringend ans Herz. Im anderen Fall können wir es nicht verantworten, Sie noch länger hierzubehalten.« Ich sage: »Solange der Chirurg nicht hundertprozentig sicher ist, daß er es machen kann, lass' ich ihn nicht ran. Wenn Sie mir einen Herzspezialisten besorgen, der sagt, es geht alles klar, dann ja.«

»Diese Garantie kann Ihnen auch der beste Chirurg nicht geben. Wir müssen Sie leider entlassen. Auf Ihre Verantwortung.«

»Ihre Verantwortung ist das«, habe ich gesagt. Aber froh, daß ich endlich rauskann.

22.6.

Schön, wieder draußen zu sein. Dreimal am Tag nehme
ich meine zwei Valium gegen die Schmerzen. Bis jetzt geht
alles gut. Lange laufen oder sitzen darf ich nicht. Mein
Herz fängt dann zu pieken an. Ich lass' es operieren. Wenn
Dr. Hambauer einen wirklich guten Herzchirurgen weiß.

25.6.

Gestern nacht Christian: »Sag mal, dein Bauch wächst ja.
Wann kugelt er sich denn richtig?« Bißchen dauert es noch.

26.6.

So peinlich. Sind zum Bäcker, zwei Stück Butterkuchen
holen. Voll bekifft. Paar Leute vor uns. Mußten plötzlich
loskichern. Dann lachen. Am Ende gebrüllt vor Lachen.
Sind raus, ohne was zu kaufen. Draußen haben wir uns
fast hingeschmissen. Sicher hat die Verkäuferin gedacht,
wir lachen über sie. Mag gar nicht mehr hingehen.

27.6.

Fast wie ein Ehepaar leben wir. Fast wie am Anfang unter
der Brücke. Wachen am Morgen so um acht, neun auf.
Kuscheln ein bißchen im Bett. Holen Pola, fahren zum
Jungfernstieg. Ich bettle, Christian sitzt an der Treppe zur
U-Bahn und paßt auf mich auf.
   Um vier hören wir auf und kaufen ein. Meistens im Spar.
Bißchen Schokolade, paar Dosen Cola, Zigaretten. Dann

geh'n wir in der Stadt spazieren und gucken. Vielleicht, wie wir uns einrichten können. Lampen, Gardinen, Schrankwand.

Zurück nach Wilhelmsburg so um sechs. Rauchen ein Stück Dope oder gucken ein bißchen fern. Auch wenn wir bei der alten Kiste bloß zwei Programme reinkriegen. Schreinemakers sehen wir immer.

6.7.

Hambauer hat mir das Gutachten aus dem Krankenhaus gezeigt.

»Frau S. wurde wegen heftiger Schmerzen in der re. Leiste stat. aufgenommen. Als Ursache fand sich eine abgebrochene kleine Injektionskanüle, welche nach den oben angeführten Untersuchungen in der Nähe des Ansatzes des Iliopsoas direkt vor dem Knochen gelegen erscheint. Die weiteren Untersuchungen ergaben 4 weitere abgebrochene Injektionskanülen, von denen 2 erstaunlicherweise intracavitär im re. Herzen und eine in der li. Pulmonalarterie lokalisiert waren.« Soso.

7.7.

Scheißzeug Koks. Wieder ein Tag, an dem es uns reinreißt. Man dreht auf. Vergißt allen Quatsch. Es fehlt einfach was, ohne.

8.7.

Manchmal hasse ich ihn wie in den schlimmsten Zeiten. Gehen durch die Stadt. An einem Typ vorbei, der Hinz & Kunzt hochhält. Mausgesicht, grauer Anorak aus der Klei-

176

derkiste, dünne rote Haare. Christian bleibt vor ihm stehen. Und spuckt ihm mitten ins Gesicht. Auf der Straße. Ich glaube, ich tick' nicht richtig. »Der Arsch hat mich mal beschissen«, war alles, was er dazu gesagt hat. Hat ein Loch im Hirn, der Typ, echt.

11.7.

Habe in dem ganzen Müll ein altes Foto gefunden. Als Opa hier zu Besuch war.

Von ihm sieht man nicht viel. Er sitzt im Dunkeln. Aber die Wohnung. Ich weiß sofort wieder, wie sie ausgesehen hat.

Die Zweiercouch im Wohnzimmer habe ich nachts immer ausgezogen, damit Platz für mich und Kevin war. Das Glasschränkchen stand an der Wand. Mit Figuren aus Überraschungseiern, dem Porzellanelefant und ein paar Gläsern. Auf der Fensterbank waren Palmen. Und auf dem Tisch das Aquarium. Mein Hobby. Ich hatte wunderbare Diskusfische. Überall waren Bilder von den Kindern, ein Schlüsselbrett, das Tanja ausgesägt hatte und ein Häuschen aus Holz von Lena gebastelt. In der Küche der Kühlschrank mit Gefrierfach. Immer ordentlich voll. Einmal im Monat war Großeinkauf bei Aldi. Neben der Spüle die Waschmaschine, im Kinderzimmer Schreibtische, überall schöne Lampen . . . – und jetzt ist das alles ein Müllplatz.

Aber das wird wieder. Das wird bestimmt wieder.

17.7.

Schrecklich, so schrecklich. Wache auf, spüre, irgendwas im Bett ist naß. Schlag die Decke zurück: naß, klebrig und rot. Bauch, Beine, Füße – alles voll Blut. Ich schreie, hab das Gefühl, ich muß dringend aufs Klo. Christian springt aus dem Bett, schleppt mich hin, ich setze mich auf die Schüssel, drücke, irgendwann platscht ein blutiger Klumpen heraus. Mein Kind.

Wieder versagt, wieder alles vermurkst, ich bin keine Frau für Christian. Der ist unheimlich lieb: »Red dir jetzt nichts ein. Du hast nichts verkehrt gemacht. Du hast nicht versagt, es stimmt einfach nicht, es war nicht deine Schuld, es ist eben passiert. Schicksal. Da kann man nichts machen. Wahrscheinlich sollte es so sein.«

Nachmittags sind wir zum Arzt. Er hat alles ausgeräumt, saubergemacht. Das war's dann.

Jetzt will ich nicht mehr. Nie mehr. Lasse mich sterilisieren.

2.8.

Letzte Nacht ganz schlimm. Ein einziger Stich von der Hüfte quer durch zum Rücken. Als ob die Nadel mitten im Knochen steckt, oder in einem Nerv. Habe keine Luft mehr gekriegt, mußte die Decke wegstrampeln, um atmen zu können. Christian hat das Fenster aufgemacht, ich habe mich in seinen Arm gekuschelt, dann ging's wieder.

Dr. Hambauer sucht nach einem Herzspezialisten, der sich die Operation zutraut. Einem guten Chirurgen. Erst die Hüfte. Dann das Herz.

7.8.

Alsterhaus. Am Nebentisch zwei junge Frauen. Haben in der Kosmetikabteilung eingekauft. Schmieren sich Creme auf die Hand, riechen daran. »Schön und gut«, sagt die eine, schwarzhaarige im roten Lackmantel. »Aber es hilft nicht mehr überall.«

»Was soll ich erst sagen, Marlen?« die andere. »Ich werd' nächsten Monat 32.«

Und ich? Muß erst mal den nächsten Tag überleben. Angst vor dem Alter? Bescheuert.

17.8.

Irgendwann haben wir im Fernsehen einen Film gesehen. Ein Mann ist zum zweiten Mal auf die Welt gekommen. Mit den gleichen Eltern. Und am gleichen Ort. Aber dann kann er wählen, ob er irgendwas anders machen will. Oder wieder so wie beim erstenmal.

Ich würde vieles anders machen. Fast alles. Meine Kinder würde ich wieder kriegen. Und Christian möchte ich auch beim zweitenmal treffen. Aber ich würde wahnsinnig aufpassen, um nicht wieder an Heroin zu geraten. Würde nie mehr von jemand anderem Zigaretten annehmen. Und nicht auf Typen wie Dirk Jensen reinfallen. Vielleicht würde ich zur Schule gehen.

Hinter Mauern

4.9.

Christian hat wieder 'ne 30er und 'ne 50er Kugel vom Bahnhof mitgebracht. Koks. Haben uns beide einen geballert. Und wieder und wieder. Ekliges Zeug, dieses Koks. Wie ein Eissturm im Gehirn. Man wird gierig danach, will mehr, mehr, mehr. Haben uns in den letzten Wochen ganz schön daran gewöhnt. Die ganze Kohle hauen wir raus für Koks. Will einer eine Pause machen, nervt der andere, bis er ihm Geld gibt. Süchtig sind wir nicht. Nicht affig, wenn wir mal nichts haben. Aber hibbelig, hibbelig, hibbelig. Verrückt. Tag verkokst – und am Abend sind wir gieriger als beim Aufwachen. Hätten gut Geld, wenn wir alles gespart hätten, was wir für Drogen rausgeknallt haben. In zwei Leben.

5.9.

Jetzt auch Streß mit Hambauer? Urin-Kontrolle. Bei-Konsum, wir hatten in den letzten Tagen wieder gedrückt. Koks. »Ich versteh' ja, daß ihr nicht von heut auf morgen wegkommt«, hat er gesagt, »aber die Sache muß im Rahmen bleiben. Ich hab' zu verantworten, daß ich euch Pola verschreibe. Ab nächster Woche kommt ihr bitte zweimal zur UK.«

Er war gar nicht besonders sauer. Aber die doppelte Arbeit haben wir trotzdem.

10.9.

Kein Koks im Haus. Einer von uns hätte was besorgen müssen. Beide keine richtige Lust. Plötzlich haben wir uns angeguckt: Probieren wir's? Wir probieren es. Die Kokserei bringt uns nichts mehr. Haben in den letzten Tagen ein paarmal darüber geredet. Hektische Gewohnheit, damit man hektisch bleibt. Eigentlich könnten wir aufhören. Endgültig aus dem ganzen Dreck raus. Aber dann war immer noch ein Kügelchen da. Mit dem Pülverchen drin.

Heute nicht mehr. Kein besonderer Anlaß. Nur der Punkt, auf den wir gewartet haben. Mal sehen.

11.9.

Haben aus den letzten Monaten ein bißchen Kohle übrigbehalten. Heute sind wir los. Haben uns einen Ghettoblaster gekauft. Von Daewoo. Bei Brinkmann. Als Belohnung, weil wir schon eine Woche nichts mehr genommen haben. Und zur Ablenkung.

Geiles Teil. Schwarz und gigantisch und ein Mega-Sound, mit dem wir die Nachbarn aus den Betten hüpfen lassen können. Klingt anders als die alte Musiktruhe. Bei der muß das Radio erst warm werden, bevor man was hören kann.

Habe zu Christian gesagt, er soll die Belege gut aufbewahren. Ich will nicht, daß irgend jemand auf die Idee kommt, wir hätten das Ding geklaut.

Und noch was haben wir gekauft: weiße Wandfarbe und einen Quast. Christian hat in der Küche versucht, wie es aussieht. Aber überm Herd, wo es gebrannt hat, kommt der Putz runter, wenn man streicht. Das geht nicht so einfach. Also muß doch die SAGA ran. Habe nochmal beim

Sozialamt angerufen. Angeblich wird geprüft, ob die SAGA gelogen hat. Und sie jetzt renovieren muß. Wann? »Bald, hoffe ich.« Hoffe ich aber auch.

17.9.

Wir sind immer noch sauber. Beide. Glaube fast, wir sind übern Berg. Bin froh, wenn ich bei Hambauer eine Urinprobe abgeben kann und weiß genau, daß nichts drin ist.

20.9.

Riesenbeknackte Geschichte. Sind ganz normal übern Jungfernstieg getigert. Vor Beutin brabbelt ein alter Knakker laut vor sich hin in die Luft. Von Kanacken, die die Stadt verpesten. So in der Preisklasse.

Bin zu ihm hin und habe ihn gefragt, ob er eigentlich weiß, was das heißt, Kanacke. In dem Augenblick hat mich einer von hinten angepflaumt:

»Halt's Maul, du alte Fotze, sonst dreh' ich dir den Hals ab.« Ein Türke in Jeans und einem blauen Rollkragenpulli und einer offenen schwarzen Lederjacke. Zusammen mit einem andern, der eine große schwarze Taschenlampe in der Hand hält, wie sie die Bullen in amerikanischen Krimis oft haben.

Bevor er richtig gucken konnte, hat Christian sich umgedreht und ihn an der Jacke gepackt.

Ich habe mich eingemischt: »Wollt ihr hier Streß machen oder was? Weißt du eigentlich, was ich gesagt hab'? Ich wollt' dem Alten erklären, was Kanacke bedeutet. ›Mensch‹ heißt das, nichts anderes.«

Hat ihn gar nicht interessiert. Ich sei eine alte Nutte, hat er mich angegeifert. Dann auf einmal blitzschnell einen Ballermann aus dem Hosenbund gezogen. Und Christian an den Kopf gehalten.

»So, Alter, und du bist jetzt auch dran. Ich blas' dir Wichser das Gehirn raus.« Ich habe ihn angeschrien, er soll das Ding wegstecken, Christian hat sich sofort mit ihm geprügelt, der zweite hat auf ihn eingetreten, ich bin auf den los und habe ihn ins Gesicht geboxt. Wilde Schlägerei, alle vier.

Auf einmal hat jemand gebrüllt: »Polizei, los rein mit euch, weg von der Straße!« Typ in Zivil, in Jeans und grüner Windjacke. Drängt uns mit ausgestreckten Armen vom Bürgersteig.

Neben Beutin ist ein Juwelier, Brahmfeld & Gutruf, zwischen seinen Schaufenstern zwei goldene Säulen, wie ein Eingang zu einem Vorraum. Er hat uns da zwischendurch geschoben und dann zur Tür rein, in den Verkaufsraum. Eine Frau in grauem Kostüm guckt Perlenketten an, und auch ein paar andere Leute stehen im Hintergrund herum. Alle baff vor Schreck, rühren sich nicht. Die Türken haben weiter auf Christian eingeschlagen, bis er in die Ecke zwischen die Glasvitrinen geknallt ist. Der Bulle stellt sich breit in die Tür:

»So, nun beruhigt euch. An mir kommt sowieso keiner vorbei.« Und zum Verkäufer: »Rufen Sie die Polizei!« Wie ein Mini-Rambo. Nicht mal die Knarre raus, obwohl der Türke immer noch mit seiner Waffe rumgefuchtelt hat.

Der Verkäufer hat mit der Polizei telefoniert. Zwei Minuten später waren sie da. Mit Blaulicht und Horn. Vier Mann. Sind mit gezogener Pistole rein. »Waffe weg!«

Auf einmal ist der Türke ganz klein geworden und hat die Pistole fallen lassen, der andere seine Angeber-Taschenlampe. Sie haben den beiden Handschellen angelegt, Arme auf den Rücken, und raus in den Wagen.

»Haben Sie denn gewußt, ob das 'ne echte Pistole war oder bloß Schreckschuß?« fragt Christian den Zivilen.

»Nee«, sagt der, »aber egal, ob es eine echte gewesen wär' oder nur Gas – du wärst dein Leben lang nicht mehr froh geworden, wenn er abgedrückt hätte.«

»Und warum haben Sie Ihre Waffe nicht gezogen? Das wär' doch Ihre Pflicht gewesen«, habe ich ihn angefahren.

»Verhältnismäßigkeit der Mittel. Panik vermeiden. Hier waren jede Menge Unbeteiligte, das haben Sie doch gesehen. Vielleicht hätte der durchgedreht. Und dann gute Nacht!«

Quark. Wozu hat einer eine Pistole, wenn er sie nicht benutzt?

Einer der Polizisten hat zur Tür reingerufen, wir sollten zum Auto kommen. Personalien aufnehmen.

»Verschwinde«, hat Christian mir zugeflüstert. Er ist zum Auto und hat seinen Ausweis vorgezeigt. Aber sie wollten auch ganz genaue Angaben über mich. Erst dann konnte er gehen. Gebettelt habe ich nicht mehr. Viel zu sehr gezittert, vor Aufregung, beide.

21.9.

Scheiße, Scheiße, Scheiße. Jetzt hat's mich erwischt.

Sitze am Jungfernstieg, zähle meine ersten paar Mark, da bleibt einer stehen. Direkt vor mir, ich habe seine Knie in blauen Jeans fast im Auge. Ich drehe den Kopf hoch und sehe mir den Typ an: kurze Haare, frisch rasiert, grüne Windjacke.

Mini-Rambo von gestern.

Labert auch schon los, ob ich Julia S. bin, wohnhaft Rotenhäuser Damm 37? Ich gucke ihn an und nicke. Klar. Weiß, was los ist.

»Polizei, Sie erinnern sich. Ich habe einen Haftbefehl gegen Sie zu vollstrecken. Nichterscheinen vor Gericht, Sie wissen sicher Bescheid. Würden Sie bitte mitkommen.«

Ich packe meinen Kram zusammen und gebe die Tasche Christian.

»Kann ich mit zur Wache kommen?« fragt er. »Natürlich nicht«, sagt der Bulle. »Frau S. kommt in Untersuchungshaft.«

Ich muß in den Wagen steigen, mit dem er vorgefahren ist. Endlich haben die Leute am Jungfernstieg was zu glotzen. Was reißen sie die Augen auf. Sensation, Sensation! Daß ich den Abgang mache, juckt keinen dabei.

Zur Wache in der Hohe Bleichen. Er führt mich in einen kahlen Raum. Zwei Frauen in Uniform. Ich muß mich ausziehen. Als ich nackt rumbibbere wie ein Klappergespenst, untersuchen sie mich. Zentimeter für Zentimeter. Ich könnt ja eine Feile im Hintern haben.

Dann kommt die eine auf die Idee, mir meine Schmuckbänder am Handgelenk abzuschneiden. Die Christian mir geschenkt hat. Noch nie habe ich die abgenommen, seit er sie mir rangeknotet hat. Ich denke, ich spinne.

»Laß das dran, sonst hau' ich dich um!« brülle ich sie an und reiße meine Hand aus ihren Klauen. Die können mich gern in Action erleben, wenn sie das wollen. Die eine rast zur Tür raus und kommt mit zwei Männern zurück. Aber die kapieren, daß ich auf 180 bin.

»Laß sie doch in Ruhe, laß sie halt ihre Bänder haben!« sagt der Ältere. Aus den Turnschuhen nehmen sie die Schnürsenkel raus. Könnte mich ja am Gitter aufhängen!

Dann führen sie mich raus zur Minna.

»Hören Sie mal, ich bin herzkrank, ich krieg' in engen Räumen wahnsinnig Platzangst«, sage ich, als ich die kleine Hundehütte sehe, in die ich rein soll. »Sie dürfen das gar nicht machen, ich klapp' da drin zusammen!«

Wenn mir das nicht fein genug wäre, müßte ich warten bis abends, sagt einer. Das will ich nicht. Rein in den winzigen Verschlag. Die Tür knallt zu, die Kiste fährt los. Ich komme mir vor wie ein Hund in der Hütte. Bei jeder Kurve und bei jedem Loch in der Straße knalle ich mit dem Kopf oder dem Schienbein irgendwo gegen. Nach draußen gucken? Ein paar schmale Schlitze. Lasse ich bald. Weiß ja, wo es hingeht.

Auf der Davidswache holen sie noch ein paar andere Leute ab. Zum Glück sind drei Frauen dabei, mit denen komme ich jetzt in die größere Sammelzelle in der Minna. Ich hole tief Luft.

Dann sind wir am Holstenglacis, beim UG. Der Wagen fährt in den Hof, die Türen gehen auf, da stehen sie, jede Menge Wärter in Uniform. Wir könnten ja den Knast besetzen! Sie führen uns rein, in den Keller runter, durch einen langen, düsteren Gang, wie eine richtige Katakombe, hinüber zur Beobachtungsstation. B2.

Ich muß meine Sachen ausziehen und in einen Beutel stecken. Zigaretten darf ich behalten, Feuerzeug muß ich abgeben. Wenn ich rauchen will, muß ich klingeln. Ich kriege zwei Wolldecken und einen Knacki-Schlafanzug. Ein graues Oberteil mit langen Ärmeln. Und eine kurze blaue Hose.

Dann stehe ich in der Zelle und die Tür knallt zu. Der Schlüssel dreht sich im Schloß. Fast wie im Fernsehen. Bloß weniger lustig, wenn es einen selbst erwischt hat.

Wieviele Quadratmeter sind das? Fünf, sechs, acht? Bett, Tisch, Waschbecken und Klo. Kein Spiegel. Die Mauern verputzt und angekokelt und vollgeschmiert. ›Bon Jovi‹ überm Bett. Und in einem Herz ›Elaine & Marc‹. An der Decke hängt ein Teebeutel. Ganz oben, durch eine kleine Luke, fällt Licht von draußen. Die Tür ist grau und aus Eisen. Und dauernd guckt jemand durch das kleine Gitter am Guckloch rein. Neben der Tür der Klingelknopf. Ich drücke drauf.

»Komm' ich heut noch vor den Haftrichter?«

»Nee, heute nicht mehr«, sagt die Schnepfe in Uniform.

»Was? Dann muß ich also hierbleiben?«

»Klar, was haben Sie denn gedacht?«

Sie gibt mir Feuer. Ich rauche eine, zünde die nächste gleich daran an, und dann noch eine und noch eine. Für jede Kippe um Feuer zu betteln ist mir zu doof. Aber dann ist mein Mund wie eine Raspel. Auch blöd.

Wieder die Tür. Eine Kalli und eine Schließerin bringen eine Riesenschüssel Tee und einen Becher. Ich rede mir gut zu. So ganz furchtbar wird es schon nicht. Eine Nacht überstehe ich. Morgen komme ich vor den Haftrichter. Und der läßt mich frei. Keine Fluchtgefahr. Wird er ja wohl kapieren, daß ich meine Kinder nicht im Stich lasse.

Abendessen. Ein Becherchen Becel-Margarine und zwei Scheiben Wurst. Irgendein Leberkäse. Ein Plastikmesser. Graubrot oder Schwarzbrot? Gar kein Brot will ich. Gar nichts will ich. Raus will ich, nichts sonst.

Das grelle Licht blendet eklig. Ich versuche, die Birne rauszuschrauben, oder die Röhre, aber ich kriege die Verkleidung nicht ab. Später geht die Nachtbeleuchtung weiter oben an. Wie soll ich jemals schlafen? Ich klingle.

»Können Sie das bescheuerte Licht nicht endlich mal ausmachen?«

»Nein. Sie sind hier auf Beobachtung. Das Licht bleibt die ganze Nacht an.«

Nicht mal dunkler drehen will sie es. Vorschrift. Ich wickle mich in meine Decken und denke nach. Die ganze Nacht werde ich kein Auge zutun.

22.9.

Fast haut es mich von der Pritsche. Punkt sechs dröhnt im ganzen Gebäude eine Glocke. Bomm-Bomm-Bomm, ich denke, sie steht direkt neben meinem Bett.

Die Schließerin sperrt die Tür auf. Ich reiche meine Plastikschüssel raus, kriege frischen Pfefferminztee rein. Eine widerliche lauwarme Brühe, nicht mal Zucker. Zum Frühstück statt der Wurst ein Döschen Erdbeermarmelade.

Habe nichts runtergekriegt. »Wann fangen die Haftrichter an?« das war das einzige, was mich interessiert hat. »Ab acht Uhr.« Rumms, Tür zu, wieder blöd gewartet.

Als sie mich holten, war schon fast Mittag. Wieder durch lange Kellergänge. Der Haftrichter, ein älterer Mann mit Brille. Hat mich nur kurz angeguckt, dann wieder in seine Papiere.

»Sie bleiben drin. Verdunklungsgefahr. Sie würden im Drogenmilieu abtauchen, wenn wir Sie freilassen. Jedenfalls besteht das Risiko.« Ich war fertig und bin fast zusammengebrochen.

»Ich hab' mit dem Drogenmilieu überhaupt nichts mehr zu tun. Ich bin raus. Sie können doch in Ihren Akten nachlesen, daß ich substituiert werde. Ich habe einen festen Wohnsitz und das Sorgerecht für meine Kinder. Warum sollte ich da abhauen?«

Hat ihn alles nicht weiter interessiert. Er hat in die Akte gestarrt und irgendwas gekritzelt. Plötzlich ist mir das komisch vorgekommen. Habe ihn gefragt, ob er überhaupt für mich zuständig ist.

Ist er nicht. Aber mein Richter hat im Moment angeblich keine Zeit. Habe sofort eine neue Haftprüfung beantragt. Er hat sich was aufgeschrieben.

»In Ordnung. Aber bis Montag oder Dienstag wird's schon dauern.«

Dann haben sie mich zurückgebracht, mir meine Klamotten zurückgegeben und mich verlegt. Hoch in den vierten Stock kam ich. Zelle sechs.

Mir ist ganz schön komisch geworden, als ich vor der Tür stand und die Schließerin aufgesperrt hat. Wer sitzt dahinter? Eine doofe Tussi? Ein paar blöde Schnecken? Angst habe ich keine gehabt, habe mich schon gegen genügend Idioten gewehrt im Leben. Aber vielleicht muß ich doch länger bleiben. Und dann den ganzen Tag mit einer dummen Kuh zusammen!

Aber ich habe Riesenglück gehabt. 'ne dicke Frau mit roten Haaren am Tisch. Eine richtige Mutti, schon über vierzig. »Ich heiß' Marga«, hat sie mich begrüßt. »Mach es dir gemütlich. Soweit das hier geht.«

Mit gemütlich war erst mal noch nicht viel. Kaum war ich drin, haben sie mich schon wieder geholt. Zum Arzt. Er wollte wissen, wieviel Pola ich kriege, und von welchem Arzt ich substituiert werde und ob ich sonst irgendwelche Tabletten nehmen muß.

Anschließend weiter zum Fotografen. Sie haben mich also in ihrer Verbrecherkartei. Hoffentlich sehe ich wenigstens gut aus. Wieder zurück, Türen auf, Türen zu, Schlüsselgerassel, Türenknallen. Bis man bloß von einem Ende zum andern kommt.

Mit Marga teile ich mir also die Zelle. Zwei Betten an den Wänden links und rechts. Ein Tisch dazwischen. Ein Schrank für zwei. In der Ecke das Klo und ein Waschbekken. Eine Schamwand davor, die man zur Seite schieben kann. Und ein Radio, in dem dauernd NDR 2 dudelt. Uwe Bahn, der Quatschkopf.

Als ich wieder da war, hat Marga von sich erzählt. Ist schon zu vier Jahren verurteilt und hat jetzt noch ein Verfahren vor sich. Schwerer Betrug. Hat irgendwelchen Typen, die im Geld schwimmen, Eigentumswohnungen angedreht. Bloß, die gab's gar nicht. Habe kurz an meine Mutter gedacht.

»Ich hab' ein heißes Leben geführt. Ich hab' ein dickes Konto gehabt, ich hab' mir alles geleistet, ich bin rumgereist. Ich leb' mit Stil, weißt du, wenn ich die notwendige Kohle hab'«, hat sie gesagt.

Aber es hat mich nicht besonders interessiert. Ich war einfach fertig, habe gezittert, habe angefangen zu heulen. Sie hat den Arm um mich gelegt. Und ich habe ihr die ganze Scheiße erzählt: von den Drogen, von Christian, warum ich hier sitze, von den Kindern, von den Nadeln in meinem Herz. Dann habe ich einen langen, langen Brief an Christian geschrieben.

Julia S.   17.55 Uhr
Holstenglacis 3   Hamburg, den 22.9.
20355 Hamburg

Hallo mein Liebling!

Ich liebe Dich so wie nie zuvor, Du fehlst mir so wahnsinnig, bitte, bitte laß mich bloß gerade jetzt nicht im Stich, egal was auch kommt. Ich hab' alle Anträge gestellt, wie Du sagtest. Und bitte, Liebes, mach Du nicht jetzt irgendeinen Mist. Wir werden schon bald wieder zusammen sein, da glaube ich ganz fest daran, bitte glaube Du auch. Und wenn Du mal was auf dem Herzen hast, dann schreibe es mir, ich tu' es ja auch, obwohl ich vor lauter Heulen fast keine Luft kriege. Ich hab' so eine Angst, Dich oder die drei Mäuse Kevi, Lena und Tanni zu verlieren, gerade wo alles gut war und wir auf die Beine kamen, muß sowas sein. Strafe muß wohl sein, obwohl heute wohl jeder De-

190

tektiv mich unterstützen würde. Wäre ich bloß nie mit Moni mitgegangen. Aber die haben mir ja mein ganzes Geld weggenommen, so mußte ich doch wenigstens Geld für die Kinder haben, damit sie was essen können. Aber das weißt Du ja alles.

Bitte, bitte, Liebes, bleib bei mir. Ich liebe Dich so sehr, Du weißt ja, sonst habe ich alles verloren, wenn ich hier bleiben muß. Und das stehe ich nicht durch. Eineinhalb Jahre ist, seit Du da bist, nichts passiert und keine Drogen mehr: Alles für ein normales Leben, das wir führen wollten mit den drei Lieblingen. Wir sind schon so weit gekommen. Bitte laß uns auch weitermachen, so schwer es auch ist. Solange ich das Sorgerecht habe, kriegen wir die Mäuse auch wieder. Und sie brauchen nicht weglaufen, um zu uns zu kommen, und wir müssen so stark sein, wie es eben geht.

Liebes, weißt Du, ich habe es überstanden, als Kind eingesperrt zu sein. Die Vergewaltigungen und Schläge und die Zigaretten, die auf mir ausgedrückt wurden, die wahnsinnigen Schläge und die Pein. Aber irgendwann kann man nicht mehr. Wenn ich Euch nicht hätte, na ja, Du hast mich einmal davor bewahrt, aber wenn ich Dich nicht hätte, wäre schon alles vorbei. Aber aus tiefster Liebe zu Euch hab' ich weitergemacht. Wenn das alles nicht bald ein Ende hat, weiß ich nicht, was passiert. Ich will Dich, so schnell es geht, sehen und die Mäuse auch, nur das hält mich noch aufrecht.

Schatz, Du mußt am Donnerstag, den 28.9. Dein Geld holen und bitte, bitte, vergiß mich nicht. Ich hoffe, ich kann dann doch noch wieder bei Dir sein, wenn wir beide ganz, ganz doll beten, und den lieben Gott und den Richter bitten. Ich bin zu jedem und allem bereit, was er sagt. Ich schwöre auf die Liebe zu Euch und auf die Bibel, daß ich alles tun werde. Wenn der Richter sagt »Gut, bis zum Termin«, küsse ich ihn, glaube ich.

Ihr fehlt mir so sehr, daß ich es gar nicht sagen kann. Bitte, bitte laß uns beten dafür. Ich hoffe, es wird dann alles wieder gut. 23 Stunden eingesperrt und die Wände anguk-ken, macht mich noch kränker, als ich ohnehin schon bin. (Scheiß Herz). Aber wenn Du bei mir bleibst und mich so liebst wie ich Dich, halte ich durch.

Bloß das Sorgerecht macht mir angst. Bitte, bitte, komm so schnell es geht, wenn ich hier bleiben muß. Aber ich würde doch nie, niemals weglaufen, schon wegen Euch. Die Liebe ist für mich das Wichtigste, und Treue, aber Du weißt ja, wie ich darüber denke. Ihr seid mein ganzes Le-ben, Glück und Liebe. Schon deshalb. Und wenn ich hier-bleiben muß, wo wir nicht dran denken dürfen, dann schrei-be mir bitte, so oft es geht. Aber wir dürfen die Hoffnung nicht aufgeben. Und wenn Du mich so liebst wie ich Dich, gibst Du nicht auf zu hoffen. Es würde mir viel Kraft ge-ben. Und wenn Du denkst, es geht nicht mehr, halte Dein Herz, und Du weißt, da ist jemand, der Dich über alles liebt. Und vergiß nicht, wenn ich noch nicht bei Dir bin, den Donnerstag, 28.9. Aber ich hoffe so sehr, daß ich dann schon wieder bei Dir bin.

So, Liebling, grüß die Mäuse, sag aber nichts. Ich liebe Euch und könnte es ohne Euch gar nicht durchstehen. In ewiger Liebe und Treue. Und 1.000.000.000 Küsse für Euch. Ich hoffe, es langt erstmal.

Aus ewiger Liebe und Hoffnung und Treue, Deine Frau, die Dich immer liebt, Julia.

PS

Ich liege mit einer ganz netten Frau zusammen, die mir auch hilft, mich ein bißchen abzulenken, so gut es eben geht. Manchmal spielen wir Mensch-ärgere-dich-nicht. Bloß, sie raucht nicht. Na ja. Aber sie tröstet mich echt sehr lieb, eben so gut es geht. Aber wärst Du hier, wäre das ja das Schönste der Welt für mich, und dann noch unsere drei Lieblinge. Ach, warum tut das so weh, daß man das Gefühl hat, man müßte sterben? Aber solange ich weiß, daß Ihr mich liebt, und ich Dich sowie die drei Mäuse nicht verliere, muß mein krankes Herz es einfach schaffen, alles durchzustehen. Die Kraft und die Hoffnung gebt Ihr mir.

Meine Zellenpartnerin sagt auch, nicht die Hoffnung und den Glauben verlieren, dann schaffen wir das schon. Ich glaube, Du kannst Dir gar nicht vorstellen, wie sehr ich Dich liebe und brauche. Wenn Du mich so liebst und brauchst wie ich Dich, müssen wir hier durch. Und dann brauchen wir nur noch die Wohnung fertig haben, und unsere drei Lieben kommen wieder nach Hause, für immer: Und wir haben beide die Familie, die wir uns immer gewünscht und erträumt haben.

Du gibst alles, wenn Du liebst, Du verlierst Dich, wenn Du liebst. Und wenn ich gehe, geht nur ein Teil von mir, und wenn ich schlafe, schläft nur ein Teil von mir, und der andere wacht mit Dir, und wenn ich weine, weint nur ein Teil von mir, und der andere lacht mit Dir, und wenn ich sterbe, stirbt nur ein Teil von mir, und der andere bleibt bei Dir, so bist Du, nur Du. Und wenn wir uns lieben, verlieren wir uns beide, als seien wir eins. Ich und auch die Mäuse könnten nie, niemals mehr ohne Dich sein.

Bitte, Schatz, laß uns nicht verzweifeln und da weitermachen wie am Schluß. Und hol bitte was für die Wohnung, bitte. Ich brauch' auch einiges, aber da wollen wir noch nicht dran denken. Ich bereue es nur, daß wir noch nicht verheiratet sind. Du bist mein Traum, und ich habe mit 32 vorher nicht gespürt oder gewußt, was Liebe ist. Außer Mutterliebe natürlich, aber das ist ja etwas anderes. Ich habe mich verloren in Dir, und das gern. Du bist mein Mann, der mir alles, einfach alles gibt. Engel, wenn ich noch nicht bei Dir sein sollte, was ich nicht hoffe, schikke mir oder zahl mir bitte was aufs Konto, sonst geht's mir ganz schön übel.

Und denk dran, was wir abgemacht haben: Sachen für die Wohnung. Ich liebe Dich mehr als alles auf dieser Welt, und die Kinder. Liebes, ich hab' sonst nichts, und Du weißt ja, wie das ist. Ich liebe und brauche Dich (Euch) wirklich so sehr, daß ich es leider nicht in Worte fassen kann, so sehr liebe ich Dich (Euch). Und iß was, bitte, mir zuliebe. Sonst ess' ich auch nicht mehr. Und Du weißt, was das für meine Gesundheit bedeutet. Also iß bitte, aus Liebe. Hör bitte, bitte nie auf, mich so zu lieben, Schatz. Ich würde Dich so gern streicheln und in Deinen Armen liegen und mit den Kindern schmusen. Neben Dir liegen und in Deinen Armen aufwachen. Halt mich, und laß mich nie wieder los, bitte, bitte. Du kannst Dir gar nicht vorstellen, was für Angst ich hab', Dich (und die Kinder) zu verlieren, oder sonstwas. Du weißt, es ist Angst aus Liebe, die aus tiefstem Herzen kommt. Du weiß ja, was ich bisher durchmachen mußte. Entschuldige, ich weiß, Du bist nicht so, und daß Du mich (uns) wirklich liebst, so wie ich (wir) Dich lieben.

23.9.

Schon der dritte Tag. Ich vergehe fast vor Sehnsucht nach Christian und den Kindern.

Die Glocke. Abfalleimer raus. Frühstück. Dann sammelt die Schließerin die Anträge ein. Ganz gut, daß ich mich öfter mit Christian über den Knast unterhalten habe. Jetzt kenne ich mich ein wenig aus, den Rest erfahre ich von Marga.

Habe gleich alles Mögliche beantragt: Besuch von Christian, Gespräch mit dem Sozialarbeiter, Besuch von Detlev. Einen Anwalt bei der Anwaltskammer. Jeder Termin, den man bekommt, heißt: raus. Raus aus der Zelle. Ein paar Schritte Bewegung. Rumkommen. Ein paar neue Gesichter. Ein bißchen Abwechslung.

Habe mir ein bißchen Knacki-Unterwäsche geben lassen und mein T-Shirt im Becken gewaschen. Dann haben wir die Zelle gewischt und im Schrank ein wenig aufgeräumt, auch wenn's nicht viel aufzuräumen gab.

Man darf den Schließerinnen möglichst wenig Anlaß geben, daß sie einen auf den Kieker nehmen können. Manche warten nur darauf, daß man auffällt. Sticheln immer mal ein bißchen und versuchen, einen zu reizen. ›Ach, das war leider der falsche Antrag, den Sie abgegeben haben. Versuchen Sie's morgen nochmal!‹ Bloß nicht provozieren lassen. Darauf legen sie es an. Zum einen Ohr rein, zum anderen raus!

Aber es gibt auch richtige Muttis in Uniform. Die kommen in die Zelle und reden mit einem. Obwohl sie das gar nicht dürfen, weil man sie sich dann ja greifen könnte. Blaue Hose, blaue Jacke, blaues Hemd – aber ein Herz dahinter. Schließerinnen bleiben sie trotzdem.

Marga hat mich gefragt, ob ich was brauche. Sie geht einkaufen. Habe ihr gesagt daß ich noch kein Geld habe.

»Na, dann werde ich wohl einen ausgeben müssen.« Hat mir erzählt, was es gibt und was die Sachen kosten: Glas Kaffee acht Mark. Fünf Äpfel drei Mark. Flüssigseife vier Mark. Shampoo sechs Mark.

Eine Schließerin hat sie abgeholt, mit vier anderen Frauen zusammen. Mußten runter in den Keller und hoch in den Männertrakt, wo der Laden ist. Mitgebracht hat sie mir fünf Pakete Tabak. Der billigste, für 3 Mark 45. Tiefschwarz, und schmeckt wie eine aufgeribbelte Matratze, wenn man ihn raucht. Aber irgendwie halt doch Tabak. Ich fand es unheimlich lieb, daß sie von ihrer knappen Kohle für mich was ausgibt. Hat nicht mal gefragt, ob sie es irgendwann wiederkriegt.

Um zehn haben sie die Türen aufgeschlossen. Freistunde! Marga hat mir ein paar Tips für den Hofgang gegeben: Soll mit niemand viel reden. Falls mich eine anmacht, mir nichts gefallen lassen. Je schneller sie kapieren, daß ich keine Angst habe, desto schneller ist Ruhe. Und falls mich jemand um eine Zigarette anhaut: Ich habe keine! Einzige Möglichkeit, sonst wird man die Schnorrer nie mehr los.

Sie haben uns runter geholt. Vierter und fünfter Stock zusammen. Vielleicht 30, 40 Frauen. Erlaubt ist, im Kreis herumzugehen. Immer rundum, die ganze Stunde. Stehenbleiben ist verboten. Sich auf die Bänke setzen, ist erlaubt. Wer stehenbleibt, oder sich anlehnt, wird ermahnt: Weitergehen! Wer mit jemand redet, der aus einer Zelle ruft, wird ebenfalls ermahnt. Wer drei Mahnungen kassiert hat, kommt in den Keller. B2. Unters Licht.

Habe beim Rumlatschen mit drei dicken schwarzen Negermamis gesprochen, mit denen sich niemand abgegeben hat. »Good morning«, habe ich gesagt, und »Where do you live?« Habe natürlich nicht verstanden, was sie alles durcheinander gequatscht haben. Aber sie haben sich auf jeden Fall gefreut. Die Frauen, die ich sonst gesehen habe, mag ich nicht. Gehen mir am Arsch vorbei.

Dann wieder oben. Zum Mittagessen Bohneneintopf. Ich kann an das Zeug nicht ran. »Du mußt was essen«, sagt Marga, »Du bist ja nur Knochen.« Habe einen Löffel versucht. Eklig. Den Rest hat sie sich reingezogen.

Am Tisch. Habe dauernd nachgedacht, habe gemeint, die Sehnsucht frißt mich innen auf. »Komm, laß uns Mensch-ärger-dich-nicht spielen«, hat Marga gesagt. Damit ich auf andere Gedanken komme. Eine Stunde lang Mensch-ärgere-dich-nicht. Haben uns Zeit gelassen beim Würfeln, damit sie langsamer vergeht. Dann was erzählt.

Dann nur noch dagesessen. Dann gelesen. »Mutti ist die Beste«. Und einen Julia-Roman, »In den Armen des Grafen« oder so. Ausgerechnet Liebe. Habe wieder geheult. Ich verstehe jetzt so gut, wie es Christian gegangen sein muß, die ganzen ewig langen Tage in seinen sieben Monaten. Und die Jahre davor erst. Armer Schatz.

Wenigstens können wir hier das Licht selber ausmachen. So um zehn löschen wir es. Was sollen wir auch? Wir haben genug gelesen und genug gequatscht und genug gespielt. Den ganzen Tag. Denken und heulen kann man auch im Dunkeln. Was macht Christian jetzt? Wann höre ich was von ihm? Wie geht es den Lütten? Wird der Richter mich verknacken? Wie lange? Wie soll ich das jemals aushalten? Was macht Christian dann? Was mache ich dann? Wie ein Rad im Kopf geht das ab. Immer im Kreis rum, die Gedanken. Immer die gleichen. Kommen keine neuen dazu. Aber sie lassen sich auch nicht abstellen. Wie eine Denkmaschine, bei der der Schalter abgebrochen ist. Denken und denken und denken.

24.9.

Nachts sind ein paar Neue auf B eingeliefert worden. Ausziehen! Fertigmachen! – wir haben das Geschrei bis hoch in den vierten Stock gehört. Heute morgen haben wir erfahren, daß die Bullen sie bei irgendwelchen Krawallen in Barmbek abgegriffen haben.

Marga, die tolle Frau, hat mir mit ihrem Tauchsieder Wasser warmgemacht. Damit ich mich nicht mit kaltem Wasser waschen mußte.

Habe den Brief an Christian fertiggeschrieben:

Wir haben gerade gefrühstückt, und Marga hat mir einen Kaffee ausgegeben, wie jeden Morgen, seit ich von der B runter bin. Marga sagt auch: Mach dir keine Sorgen. Wenn er das kennt, liebt er dich und läßt dich auch nicht im Stich. Mach dir nicht so viele Sorgen. Er zahlt dir auch was ein, weil er mit dir was abgemacht hat, was ja auch stimmt, nicht wahr?

Bitte mach so weiter ohne Weiß. Unsere Wohnung soll doch schön werden. Und das Geld brauchen wir doch dafür. Außerdem brauche ich ja jetzt auch ein bißchen, oder? Ich kriege hier kein Valium, sondern dreimal täglich Timonil 200. Die sollen auch den Krampf auffangen. Noch einen Krampf würde mein krankes Herz wohl auch nicht überstehen, wie Dr. Hambauer sagt.

Dr. Korus würde doch sicher für mich bürgen, daß ich nicht weglaufen würde, ne? Falls ich einen brauche, meine ich, um rauszukommen. Oder was meinst Du? Wir müssen schließlich jeden Tag zu ihm, wegen Pola. Und außerdem würde ich es so oder so nicht tun. Wir hören gerade »Skandal um Rosi«!

Ach Schatz, es ist gleich acht, und wir haben bestimmt gleich eine Stunde Freistunde. Aber ich habe heute keine Lust, immer im Kreis zu laufen, habe tierische Bauchschmerzen. Wärst Du doch bloß bei mir. Sicher sind wir bald wieder zusammen. Unsere Liebe ist viel zu stark, um die Hoffnung zu verlieren. Ich weiß es, und kann es fühlen, daß Ihr mich immer stärker macht. Schatz, ich liebe Dich. Und zum Glück hab' ich die Bilder von Euch. Aber das macht mich nur noch trauriger: Ach, ich liebe Euch so sehr und bin so froh, daß es Euch gibt.

Ach noch was: Pastor Klemm ist nicht mehr hier. Außerdem bin ich in Zelle sechs im vierten Stock. Genau beim

Ausguck, nicht da, wo die Männer sind, aber das weißt Du ja sicherlich.

Jetzt ist es gleich 11 Uhr 10, und wir hatten gerade Freistunde. Gleich gibt's Mittag. Gulasch. Marga meckert, ich muß was essen. Aber es schnürt mir alles zu, wenn ich an Euch, vor allem an meine Männer, Dich und Kevi denke, und die beiden Mädchen. Ich glaub', Du hast erstmal genug zu lesen. Also in ewiger Liebe, Treue, Hoffnung. Und 1.000.000 Küsse für Euch. Denk dran und vergiß mich nicht.

In Liebe, Deine Dich immer liebende Frau Julia

Anscheinend ist die Knastleitung genervt, hat eine Schließerin gesagt. Herr Korus, der Apotheker, hat angerufen, ob mit meinem Pola alles klargeht. Auch Dr. Hambauer hat nachgefragt, ob ich meine Medikamente kriege.

Eine Frau aus der Nachbarzelle hat Marga erzählt, daß irgend jemand einen Antrag auf den Besuch eines Journalisten gestellt hat. Und deshalb Riesenaufregung herrscht. Marga hat gemeint, ich trete besser nicht so in den Mittelpunkt. Solche Leute mögen sie hier nicht so gern. Die können ziemlich viel Streß kriegen.

Hofgang. Eine Tussi hat sich in den Kopf gesetzt, Streit anzufangen. Mit mir. Eine Nutte, eindeutig, so wie sie mit dem Arsch wackelt und den Busen rausstreckt. Aus Polen. Geht auf einmal neben mir, glotzt mich an, von oben bis unten wie ein Stück Kotze, spuckt auf den Boden und sagt »Kurva«. Hure! Denkt, ich kapiere das nicht. Ich zische zurück: »Picka!« Fotze!

Sie reißt die Augen auf und geifert gleich vor Haß: »Du ganz vorsichtig! Ich kenne Menge Leute hier in Knast!«

Da gehen plötzlich die drei Negermamis neben mir. Ich sage: »Na und, was soll mich daran interessieren?« Und haue ihr eine an die Backe. Sie spießt mich mit den Augen auf, dreht ab, aus dem Kreis und läuft zu den Schließerinnen. Mich verpfeifen. Ich sehe, wie sie rumhampelt und auf mich zeigt. Zwei in Uniform setzen sich in Bewegung.

Auf einmal steht eine dicke, schwarze Mami im Weg. Fängt an, Olumba zu tanzen. Stampft auf den Boden und wackelt mit ihrem dicken Bauch und ihren fetten Hüften und singt was dazu. Die Schließerinnen kommen nicht vorbei, paar Frauen fangen an zu lachen. Da reißen die Blauen die Trillerpfeifen raus. Verstärkung. Sie stürzen sich auf die Mami. Die wehrt sich ein bißchen, aber nicht zuviel. Zu mehreren schleppen sie sie weg. Sie kommt in den Keller. Wir müssen hoch in die Zellen. Der Hofgang vorbei, obwohl die Zeit noch nicht um ist. An mich haben sie in dem ganzen Tohuwabohu gar nicht mehr gedacht.

Menge Action. Dann wieder die Scheiß-Zelle. Scheiß-Fraß. Scheiß-Bücher. Scheiß-Radio. Alles Scheiße. Ich will raus. Könnte alles kaputthauen.

Habe Marga gefragt, was sie davon hält, wenn wir uns eine Schließerin greifen. Wenn man erst eine hat, lassen sie einen sicher laufen.

»O je« schüttelt Marga den Kopf, »jetzt fängst du an durchzudrehen. Hör bloß auf! Denk sowas nicht mal! Wenn du sowas anfängst, kriegst du wirklich Knast! Hör auf damit!«

Dann wieder Mensch-ärgere-dich-nicht.

25.9.

Um sechs die Glocke. Eimer raus. Anträge abgeben. »Binden, Tampons, neues Schreibpapier, neue Anträge?« fragt die Schließerin. Türen knallen, Schlüssel rasseln.

Vormittags haben sie mich zum Sozialarbeiter gebracht. Langweiliger Typ, habe sein Gesicht gleich wieder vergessen.

»Ich brauch' einen Anwalt«, habe ich gesagt.

»Dann schreiben Sie einen an.«

»Ich weiß aber keinen.«

»Dann suchen Sie sich irgendeinen aus dem Telefonbuch heraus. Ich kann Ihnen keinen empfehlen.«

»Und außerdem brauche ich Hilfe, wegen des Sorgerechts beim Jugendamt.«

»Ja, dann schreiben Sie doch das Jugendamt an.«

»Vielen Dank, Sie waren mir eine wahnsinnige Unterstützung«, habe ich gesagt als sie mich wieder abgeholt haben.

Das einzige, womit ich Glück habe: Marga. Wenn ich den ganzen Tag mit jemand zusammenhocken müßte, den ich auf den Tod nicht abkann, schrecklich wäre das. Auch so ist es schlimm genug. Richtig grausig.

Eine der Frauen hat erzählt, daß das UG vollkommen überbelegt ist. 90 Frauen passen normalerweise hier rein. Über 140 sind es zur Zeit.

Ob Christian meinen Brief inzwischen bekommen hat? Ob er ihn überhaupt kriegt? Man weiß nie, was dem Richter bei der Zensur nicht gefällt. Ob er schon einen Besuchsantrag gestellt hat? Oder kümmert er sich gar nicht weiter darum? Läßt er mich hier verschimmeln, weil er froh ist, daß er mich los ist und endlich mit anderen Weibern ins Bett steigen kann?

Will überhaupt nicht an so was denken. Aber die Gedanken kommen. Andauernd. Hilft auch nicht mehr, daß Marga versucht, mich abzulenken. Geht mir langsam auf den Geist. Kann gar nichts machen. Falls ich nochmal hier rauskomme, spiel ich nie mehr im Leben Mensch-ärgere-dich-nicht.

Beim Hofgang die Polin. Habe gedacht, jetzt geht der Zirkus weiter. Sie ist auf mich zu und hat mir eine Schachtel hingehalten: »Du Zigarette?« Habe den Mund runtergezogen und gesagt, daß ich selber welche hab. Auch andere Polinnen wollten mir eine Zigarette zustecken. Bin einfach weitergegangen. Sind alle aus dem Puff, hat Marga erzählt. Damit will ich nichts zu tun haben.

Wieder oben, ist Marga an den Schrank. »Ach, sie haben geschnüffelt.« Gemerkt hat sie es, weil ein Stapel mit T-Shirts verschoben war.

Ist einfacher, man hält alles in Ordnung. Sonst kriegt man gleich wieder einen Strich. Wenn die keinen Bock auf eine haben, finden sie immer irgendwas, womit sie sie schikanieren können. Die sitzen am längeren Hebel.

Furchtbarer Tag. Gehe hier drin kaputt. Ich glaube, die Mauern stehen jeden Tag ein Stück enger zusammen und die Zelle ist über Nacht wieder ein bißchen kleiner geworden. Irgendwann zerquetschen sie mich einfach. Bald.

26.9.

Vormittags geht die Tür auf. Eine Schließerin holt mich. Zur Vorführung. Habe gefragt, zu wem. Wußte sie nicht.

Wer ist jetzt wohl da? Christian? Detlev? Ein Typ von der Anwaltskammer? Habe keinen Schimmer.

Wir latschen durch ein paar Gänge, dann muß ich in eine total verschmierte Zelle mit kaputten Stühlen. Nach einer halben Stunde ein Typ in Uniform: »Sie haben Termin.«

»Was, wie?«

»Klar. Schnellverfahren. Haupttermin.«

Bin völlig erschrocken. Warum geht das auf einmal so schnell? »Los, beeilen Sie sich. Um halb zwölf sind Sie dran. Wir sind schon spät.« Eigentlich ist der Typ ganz nett, ein Dicker mit blondem Schnauzbart. Kettet mich an sich, dann machen wir den ganzen verzwickten Weg, runter und hoch und um X Ecken, vom UG zum Gericht. In Handschellen.

Vor der Tür zum Gerichtssaal muß ich warten, bis ich dran bin.

Der Richter ist vielleicht Ende dreißig. Ganz unauffällig, bis auf seine kurzen blonden Haare mit Mittelscheitel und Stufenschnitt. Eine Schreiberin neben ihm stenografiert alles mit. Hinten, im Zuschauerraum, sitzen ein älteres Ehepaar und eine jüngere Frau. Das sind die Geier, hat Christian gesagt, als er von seinen eigenen Verfahren erzählt hat. Die kommen zu jeder Verhandlung und sammeln Urteile. Zufrieden sind die erst, wenn's mindestens ein paar Jahre gibt. Für die ist das wie Fernsehen live.

Der Richter fragt mich, wie ich heiße, wann ich geboren bin und wo ich wohne.

»Sie haben einen Antrag auf Schnellverfahren gestellt, Frau S. Verzichten Sie auf Zeugen?« Ja, klar verzichte ich auf Zeugen, ist doch alles sonnenklar. »Bestehen Sie auf einem Verteidiger?« Nein, auch nicht. »Gut«, sagt er. »Sehr vernünftig. Wenn Sie darauf bestanden hätten – ich hätte jetzt sehr, sehr lange keine Zeit mehr gehabt.«

Ein kleiner Mann mit Brille und dunklen Haaren steht auf und rappelt los. Der Staatsanwalt.

»Frau S. wird zur Last gelegt . . .« Dann kommt die ganze Litanei: Hosenrock bei P&K, Seidenjacke bei Karstadt, Bluse bei Dyckhoff, zwei Blusen bei C&A, Mantel und Bettwäsche bei Kaufhof, zwei Pullover bei C&A, Jakke und Hose bei C&A, Jacke und zwei Pullis bei Karstadt, Damenmantel bei Karstadt, zwei Pullover bei Hertie, vier Pullover bei Woolworth, Hosenrock und Sweatshirt bei P&K . . . Ich weiß die einzelnen Sachen längst nicht mehr. Kann mich auch nur noch in ein paar Fällen erinnern, wie es war, als sie mich geschnappt haben. Muß fast ein bißchen grienen, innerlich. Kein Wunder, daß ich überall Hausverbot habe, bei der Liste!

»Geben Sie denn zu, was der Staatsanwalt vorgelesen hat?« fragt der Richter.

»Klar. Was soll ich dagegen anstinken? Ich bin ja schließlich überall erwischt worden.« Der Staatsanwalt grinst ein bißchen. Der Richter überhaupt nicht.

»Warum haben Sie sich nicht gemeldet, als wir Sie vorgeladen hatten? Ihr Hauptverfahren war am 21. Februar, und Sie sind nicht gekommen. Warum mußten wir Sie erst mit Haftbefehl suchen?«

Ich werde immer kleiner vor ihm. Versuche, ihm zu erklären, daß ich obdachlos war und die Post in Wilhelmsburg mich nicht erreicht hat.

Dann geht es weiter. Der Staatsanwalt fordert sechs Monate Knast auf Bewährung. Ich springe auf und rufe: »Ich nehm' das Urteil an, ich nehm' es an.«

»Moment«, sagt der Richter, »soweit sind wir noch nicht. Das Urteil spreche hier immer noch ich.« Der Gerichtsbeamte, der mich an Handschellen hingeführt hat, zwinkert mir zu. So nach dem Motto: »Die reißen dir nicht den Kopf ab. Kommt schon wieder alles in Ordnung.« Finde ich richtig nett in dem Augenblick.

Dann verkündet der Richter das Urteil: acht Monate Knast, drei Jahre Bewährung. Gnädig. Bin heilfroh. Ob das mit dem Artikel in der »Brigitte« zusammenhängt? Auf einmal schmeißt der Richter seine Akten zur Seite und pflaumt mich erst richtig an:

»Ich bin außerordentlich wütend auf Sie. Sie haben uns eine Menge zusätzlicher Arbeit beschert. Am liebsten würde ich Sie für eine längere Zeit hinter Gitter setzen. Bei der ganzen Latte an Diebstahlsvergehen, die Sie uns da präsentiert haben. Und trotzdem drücke ich nochmal ein Auge zu. Aber machen Sie sich eins sonnenklar: In dem Augenblick, in dem Sie erneut erwischt werden, sind Sie dran. Egal, ob Sie schwarzfahren oder bei Rot über eine Ampel gehen oder einen grünen Apfel klauen – in dem Augenblick, in dem ich Sie hier wiedersehe, sitzen Sie Ihre acht Monate ab, und eine ganze Menge noch dazu. Wenn Sie mal umziehen, will ich das sofort wissen, und zwar von Ihnen. Sie rufen bei mir an. Hier, das ist der Haftbefehl gegen Sie. Den gebe ich Ihnen mit, damit Sie diese fünf Tage nie vergessen. Denken Sie immer dran: Ich will Sie Ihr Leben lang hier nie wiedersehen.« Strenge Predigt.

»Ich hab' wirklich genug nachgedacht«, sage ich, »hab' schließlich reichlich Zeit dafür gehabt.«

Das weiß er, antwortet er, nicht mehr ganz so stinksauer. Weil er den Brief gelesen hat, den ich an Christian geschrieben habe.

Dann ist alles vorbei. Der Gerichtsbeamte bringt mich zurück in die Zelle. »Mit dem Urteil können Sie zufrieden sein. Auf jeden Fall dürfen Sie jetzt wieder raus.« Ich grinse ihn an, heilfroh.

Ich stürze in die Zelle und schreie: »Acht Monate auf Bewährung. Ich komm' raus.« Marga gratuliert. Ich packe die Sachen zusammen, die in den Knast gehören: Schlafanzug, Feudel, blaues Geschirrhandtuch, zwei Frotteehandtücher, zwei Waschlappen, Badelatschen, Schüssel, Becher, stumpfes Messer, Gabel und Teelöffel. Dann umarme ich Marga. Sie zittert und fängt an zu weinen. »Sieh bloß zu, daß du nicht mehr zurückkommst.« Tolle Marga, habe sie richtig lieb. Sie hat noch einiges vor sich.

Zum letztenmal der Gang über die Flure. Das Schlüsselrasseln. Türen, die knallen. Zum letztenmal in meinem Leben, schwöre ich mir.

Dann stehe ich draußen. Punkt halb drei. Neben dem Ausgang das Schild ›Untersuchungshaftanstalt Hamburg – Besucher Mo-Do, 9-15‹. Sogar das Wichtigste haben sie drauf: Das Konto für Geldüberweisungen. Postgiroamt Hamburg. Kto.-Nr. 146060/204.

Es schüttet, was runterkann. In Sekunden bin ich naß bis auf die Haut. Und natürlich kein Mensch da. Weiß ja niemand, daß ich jetzt rauskomme. Aber was heißt: kein Mensch. Wer soll schon kommen außer Christian?

Ich sehe rüber zur Messe. Halle 3. Halle 3. Halle 3. Tor 12. Laufe los, nach links, Richtung Sievekingplatz. Am U-Bahnhof-Messehallen fahre ich auf der ewig langen Rolltreppe runter zum Bahnsteig. Bloß weg von hier, soweit wie möglich. Nach Hause.

Nehme den nächsten Zug zum Jungfernstieg. Ob Christian dort rumsitzt? Hat sich nichts verändert. Als ob ich gar nicht weggewesen wäre. Die ganzen Leute. Die Schaufenster. Die Autos. Und ich kann gehen, wohin ich will. Und fahren, wohin ich will. Und in jedem Augenblick machen, was ich will.

Uli sitzt wie immer hinter seinen Zeitungen.

»Ich bitt' dich, Julia. Bei dem Wetter ist Christian doch nicht hier. Was soll er denn da? Der wird jetzt ganz normal zu Hause hocken. Im Trockenen.«

Wahrscheinlich. Ich gehe in einen Laden und suche ein Geschenk. Eine kleine Flasche Kroatzbeere mit einem Bärchen und einem Schild: »Weil nicht nur Kroatzbärchen gerne ›Echte Kroatzbeere‹ naschen. Das Präsent zum Liebhaben von 18-80.« Das paßt doch.

U2 zum Hauptbahnhof. Kein Christian. S 3 nach Neugraben. Vom Hauptbahnhof bis Veddel dauert es fünf Minuten. Kommt mir heut wie eine Ewigkeit vor. Ich sehe die Kräne an der Elbe, die Container und Eisenbahnwaggons. Aus den Fabrikschornsteinen kommt weißer Rauch. Dann noch die Fahrt mit dem 155er Bus, Richtung Kirchdorf Süd. Zieht sich, die lange Harburger Chaussee am Deich entlang, bis er endlich links nach Wilhelmsburg einbiegt. Vogelhüttendeich. Noch hundert Meter zu Fuß. Dann bin ich da.

Klingle und klingle. Nichts rührt sich. Niemand macht auf. Was heißt das? Ist Christian weg? Abgehauen? Hat sogar den Schlüssel mit?

Er ist vielleicht nur in der Stadt, und ich habe ihn verpaßt. Ich werde ihn suchen. Ich hänge die Tüte mit dem Tabak und dem Likör an die Tür. Von einem ›Elbe-Wochenblatt‹ reiße ich einen Streifen und schreibe: »Schatz, ich bin wieder draußen. Hast Du meinen Brief gekriegt? Ich such' dich in der Stadt. Bleib auf jeden Fall hier, wenn du zurückkommst. Nicht, daß wir uns nochmal verpassen.«

Dann wieder auf den Weg. Wieder mit dem Bus nach Veddel zurück. Gerade ist eine S-Bahn angekommen. Ich warte unten an der Treppe. Will den Schwung Leute erst mal vorbei lassen. Und da sehe ich: Ganz oben kommt Christian. Genau, wie ich ihn mir die ganzen Tage vorgestellt hab. Unrasiert, wirres Haar, vollkommen schluffig. Ich schreie »Liebes!« Er guckt hoch, sieht mich, stößt die Leute zur Seite und poltert die Treppe runter. Direkt in meine Arme.

»Oh, Liebes«, sage ich nur, »Liebes, Liebes, Liebes.« Wir knutschen uns ab, die Leute glotzen, aber sie machen einen Bogen um uns. Keiner regt sich auf. Merken wohl, daß wir uns ewig nicht gesehen haben.

Wir gucken uns in die Augen, Christian hält mich von sich weg und schaut mich an und sagt: »Ich glaub' das nicht. Ich glaub' das nicht. Du bist wieder da.« Kommt mir wie ein Märchen vor, mal ein gutes, zur Abwechslung. Der reine Wahnsinn. Fünf Minuten nur zum Oberhappy-sein. In dem Augenblick könnte ich sterben.

Dann verziehen wir uns und fahren wieder nach Wilhelmsburg. Im Bus erzählt mir Christian, daß er einen Besuchsantrag gestellt hat. Morgen wär' er gekommen, wahrscheinlich.

Zu Hause erstmal ins Bett. Haben wir beide lange genug darauf verzichtet. Wird super-super-schön. Hinterher eine Pfeife Hasch. Und das süße Kroatzbeer-Zeug. Der Regen prasselt an die Fenster. Es ist richtig Herbst. Ich kuschle mich in Christians Arme. Denke: »Arme Marga. Wie es ihr jetzt wohl geht?«

5.10.

»Schatz, laß uns nach Lauenburg fahren«, habe ich heute morgen zu Christian gesagt. Ich will die Kinder suchen. Ich traue Staffelt nicht. Ich glaube, er hat sich mit Theo und Susi verbündet. Und ich habe auch gar keine Lust, mit ihm zu quatschen.

Habe im Knast wieder gemerkt, wie wahnsinnig wichtig die Kinder mir sind. Und habe sie Ewigkeiten nicht mehr gesehen.

»Spinnst du? Meinst du, wir finden die, wenn wir nicht mal eine Adresse haben? Denkst du denn, die sitzen in der Fußgängerzone und warten bloß, daß wir auftauchen?«

»Ich hab’ aber das Gefühl, daß ich sie treffe. Wenn du nicht mitkommst, fahr’ ich allein.«

Das war ihm auch nicht recht. Habe ich mir schon gedacht. Jetzt ist er einverstanden.

6.10.

Vom ZOB mit dem Bus nach Lauenburg. Eigentlich hatte ich gedacht, Lauenburg sei ein kleineres Kaff. Ist aber wohl doch viel größer.

Am ZOB in Lauenburg ausgestiegen. Und wohin jetzt? Nicht die geringste Ahnung. Also sind wir einfach losgelatscht, Richtung Zentrum. Eine Schlachterei, ein paar kleine Kaufhäuser, ein Schuhgeschäft. Waren auch eine ganze Menge Leute unterwegs, aber wir haben niemand gesehen, den wir kannten.

Allmählich sind wir aus der Innenstadt rausgekommen. Einfamilienhäuser, dann Wohnblocks. Ich habe mich aber nicht getraut, irgendwo zu klingeln: »Kennen Sie einen Kevin, der erst ein halbes Jahr hier wohnt?« Auch ein Spielplatz war da, aber ohne Kinder.

Auf einer Bank eine Zigarette geraucht. Habe geschnauft wie ein Sägewerk und war unheimlich enttäuscht. »Ich hab's doch gesagt. Blöde Idee«, hat Christian in sich reingeknurrt.

Ich habe ihn angeschrien, er soll verschwinden. Ihn interessieren die Kinder gar nicht. Er soll mich das allein machen lassen, das klappt sowieso besser. Dann ging's wieder mit uns beiden.

Ich hatte ein Foto von Kevin dabei. Vor einer Bäckerei haben wir gewartet, bis kein Kunde mehr drin war. Dann sind wir rein. Habe ein Stück Bienenstich gekauft.

»Entschuldigen Sie, ich hab' da eine Frage. Haben Sie dieses Kind schon mal gesehen? Es ist mein Sohn, ich such' ihn. Er soll in Lauenburg wohnen.«

Die Frau in der weißen Schürze hat nur einen kurzen Blick auf das Bild geworfen. Dann hat sie uns angeglotzt, als wenn wir ihr eine Torte geklaut hätten. Was wir denn von ihm wollen? Wieso er nicht bei uns zu Hause ist? Ob er gar nicht mit uns zusammen wohnt?

»Das geht dich doch nichts an, neugieriges Stück«, habe ich sie angefahren. Dann sind wir raus.

War tieftraurig. Ich hatte ganz sicher das Gefühl gehabt, daß ich die Kids irgendwo treffe. Jetzt waren wir so weit rumgelatscht. Und keine Spur von ihnen.

»Schatz«, hat Christian gesagt »ich glaub', es hat keinen Sinn. Ich glaub', du mußt zu Staffelt, wenn du die Kids sehen willst. Laß uns zurück. Daß wir noch den Bus nach Hamburg kriegen.« Wenigstens das hat geklappt.

19.10.

Jetzt auch noch eine bescheuerte Lungenentzündung oder sowas. Wenn ich atme, rasselt es in der Brust. Ich kotze fast beim Husten. Habe mir einen Spuckbecher neben das Bett gestellt.

Nachts habe ich Druck auf der Pumpe. Es drückt und drückt und drückt. Ich kann nicht schlafen. Christian ratzt wie ein Hamster. Aber wenn ich ihn wecke, nimmt er mich in den Arm. Angst habe ich. Nicht um mich. Nur, daß ich die Kinder nicht mehr sehe.

23.10.

Zufällig latschen wir übern Hauptbahnhof, ein bißchen Hasch besorgen – und plötzlich stellt sich uns ein Zivilbulle in den Weg. Hatte uns früher schon ein paarmal gefilzt. »Ach ne. Wen haben wir denn da?« sagt er. »Euch beide hab' ich ja lange nicht mehr hier gesehen.«

»Überhaupt kein Wunder«, meint Christian, »können Sie auch gar nicht. Wir sind nämlich raus. Wir drücken nicht mehr, wir nehmen keine Tabletten, wir rauchen höchstens ab und zu eine Pfeife Hasch. Also können Sie uns hier gar nicht mehr sehen.«

»Tatsächlich?« sagt der und grinst, als ob er es nie glaubt.

»Kein Scheiß«, sage ich. »Sie könnten sogar unsere Arme ansehen. Kein Stich.«

»Na, auf jeden Fall seht ihr besser aus als all die Zeiten,

die ich euch kenne. Würd' mich ja freuen, wenn ihr den Absprung schafft.«

Ein Bulle. Hat trotzdem gutgetan.

26.10.

Zufällig wieder mal durch die Grotestraße, drüben hinterm Arbeitsamt. Immer wenn ich an dem einen Haus vorbeikomme, packt mich der große Haß. In der Wohnung in Parterre müßte eigentlich ich mit meinen Kindern wohnen.

Ich hatte schon den Dringlichkeitsschein, daß ich hier auf jeden Fall rausmuß. Habe mir die Wohnung angesehen. Sie war toll, alles neu vertäfelt und mit Teppichboden ausgelegt. Eine Einbauküche war drin und ein Vollbad – genau die Powerwohnung für uns, und die Vormieter hätten alles dringelassen.

»Wir haben selbst sehr jung angefangen und auch Kinder gehabt«, hat der Mann gesagt, »wir wissen, wie schwer das ist.«

Ich hätte es in monatlichen Raten abzahlen können, 100 Mark oder 50, wie es gerade ging. Habe mich riesig gefreut. Jedes Kind ein eigenes Zimmer, ich schlafe einfach im Wohnzimmer.

Bin zur SAGA, habe den Vormietvertrag abgegeben, und gesagt, die Vormieter sind mit mir einverstanden. Dann habe ich gewartet.

Und wer hat die Wohnung gekriegt? Ein Ehepaar mit einem Kind. Ich bin extra nochmal zu der SAGA-Frau:

»Ich hab' gedacht, es geht hier um Notfälle. Und nicht danach, wer das meiste Geld auf den Tisch legt.«

Da hat sie mich rausgeschmissen. Aber vorher habe ich ihr noch den Schreibtisch abgeräumt.

9.11.

Ins Tierheim in der Süderstraße. Wollten uns Hunde angucken. Wenn die Kinder wieder bei uns wohnen, sollen
sie einen Hund haben. Ich habe mir immer einen Hund
gewünscht, als ich klein war. Christian auch. Draußen, vor
dem Tierheim, hat ein Ehepaar gerade irgendein Plakat
gelesen. Ein mürrischer Typ in einer grünen Lodenjacke.
Und die Frau im hellgrauen Wollmantel. An der Leine
hatten sie einen schwarzen Pudel. Habe gefragt, ob sie ihn
hier abgeben wollten.

»Wollen nicht. Wir müssen«, hat der Mann gesagt. »Wir
ziehen in den nächsten Tagen um. Und in der neuen Wohnung sind Hunde nicht erlaubt. Die müssen den wohl ein-
schläfern. Aber lange würde er es sowieso nicht mehr
machen. Er ist immerhin schon sechs Jahre alt.«

Der Hund war furchtbar aufgeregt. Er hat an der Leine
gezogen und ist immer wieder vom Bürgersteig auf die
Straße gelaufen. Der Mann hat ihn brutal zurückgerissen.
»Nicht auf die Straße laufen«, habe ich zu dem Hund gesagt. Er hat mich ganz aufmerksam angeguckt. »Wie heißt
er denn?«

»Timmy. Wollen Sie ihn vielleicht haben? Aber dann
müssen Sie schon was springen lassen. Wenn Sie einen
aus dem Heim holen, müssen Sie auch Futtergeld löh-
nen.«

Christian hat dem Typ einen Fünfziger hingeschmissen.
Und hat wieder mal geguckt, als würde er ihm gleich die
Fresse polieren. Ich kenne dieses Gesicht inzwischen. Der
Mann hat sich gebückt, den Fuffi eingesteckt und mir die
Leine in die Hand gedrückt: »Das war ein guter Kauf, da
haben Sie ein treues Tier, das hätten Sie nirgendwo billi-
ger kriegen können.«

Ein treues Tier – die hatten bloß Glück, daß sie sich

sofort verzogen haben. Das Kind hat kein Wort gesagt und nicht geheult. War ihm wohl scheißegal. Bei den Eltern!

Und wir haben jetzt einen Hund.

11.11.

Es ist Morgen, ich liege noch im Bett. Die Nacht wieder nervig. Druck auf der Pumpe. Christian ist allein los, und fragt Dr. Korus, ob er ihm das Pola für mich mitgibt.

Ich liege da und sehe mir unseren Setzkasten an. Muscheln und Schneckenhäuser, weiß gar nicht, wo die her sind. Ein Jojo aus einem Überraschungsei. Ein Zettel von Christian. »Ich liebe Julia S.«. Den hat er mir mal auf dem Jungfernstieg in den Becher geworfen. War mir lieber als das ganze Geld. Ein kleines Nashorn aus Plastik. Bei Karstadt geklaut. Eine Mini-Auto von Kevin. Ich finde die Sammlung schön. Und auch das Poster von »Lion King«. Die Tapete dahinter müßte mal weg. Sieht aus wie plattgedrückte Mayonnaise-Streifen. Und die Blutspritzer darauf wie Ketchup-Flecken.

Wenn mal renoviert ist, brauchen wir dringend einen Schrank. Die ganzen Klamotten im Koffer und in den Kartons müssen weg. Und der Haufen im Schlafzimmer. Habe keine Lust, da reinzugehen. Trotzdem sieht es schon ganz anders aus als vor einem Jahr.

14.11.

Heute waren wir mit Timmy bei der Tierärztin. Sie hat ihn genau untersucht. Er ist höchstens drei Jahre alt. So nervös, wie er rumläuft, ist er früher wahrscheinlich oft geschlagen worden. Außerdem hat er ein kaputtes Trommelfell.

Ich glaube, er liebt uns über alles. Morgens zwischen halb acht und acht weckt er uns mit Küßchen, leckt uns das ganze Gesicht ab. Christian geht dann mit ihm raus. Später nehmen wir ihn mit, wenn wir zur Apotheke gehen. Wir versuchen, ihm abzugewöhnen, daß er einfach auf die Straße läuft. Ich bleibe am Fußgängerüberweg stehen. Er muß sich dann hinsetzen. Wenn er zu früh losläuft, gibt's einen Klaps, aber nur einen leichten. Ein bißchen hat er schon gelernt. Wenn Kevin und Lena einziehen, haben sie einen Hund, der ihnen aufs Wort gehorcht.

17.11.

Jede Woche kaufe ich ein ›Yps‹-Heft für Kevin. Schon ein ganzer Stapel auf dem Fernseher. Wenn er mal für immer zu uns kommt, hat er garantiert keine Langeweile.

5.12.

War in Ottensen bei einem Herzchirurgen. Er hat sich alles mit einem Echolot angesehen. Es muß bald was passieren. Die Nadeln haben sich nicht bewegt. Aber das Loch wird größer. Ich werde auch immer schwächer. Den Weg zur Apotheke schaffe ich nicht mehr in einem Stück. Muß ein paarmal haltmachen und schnaufe wie eine Oma.

Ich merke, wie mir der Lebenssaft rausgezogen wird. Habe keine Kraft mehr, schaffe es nicht mal mehr, irgendwelche Einkaufstüten zu heben.

Nur gut, daß ich nicht mehr drücke. Komme mit dem

Pola hin. Christian ebenso. Sieht so aus, als ob wir es geschafft hätten.

20.12.

Ich und Weihnachten? Streß, man glaubt es nicht. Seit drei Tagen dackle ich durch die Gegend und kaufe ein. Nur ein Klacks, wenn man es mit anderen Leuten vergleicht. Aber für uns sind es Mengen. Christian immer hinter mir her und schleppt Tüten.

Schnee ist nicht. Aber wenn es abends dunkel wird und überall die Lichterketten leuchten, sieht die Stadt trotzdem ganz niedlich aus. Überall »Stille-Nacht«- und »Süßer-die-Glocken-nie-klingen«-Gesummse. Ich mag es.

Immer wieder fällt mir ein, wie ich früher mit den Kindern los bin. Wir sind durch die Spielzeugabteilung bei Karstadt getigert, haben alles ausprobiert. Barbiepuppen, mit hundertfünfzig verschiedenen Kostümen, Riesen-Lego-Burgen, Märklin-Eisenbahnen in einer Spiellandschaft, Kinderwerkzeug von Fisher-Price – alles. Hinterher hatten sie tausend Sachen auf dem Wunschzettel. Und ich habe ihnen gekauft, was ich konnte.

Ich habe eine Wahnsinns-Sehnsucht nach den Kindern. Habe es doch nicht mehr geschafft, Staffelt anzurufen. Weiß immer noch nichts von ihnen. Überhaupt nichts. Kann sein, daß die Sehnsucht jetzt schlimmer ist als sonst. Überall sehe ich kleine Jungs mit ihrer Mutter. Und manchmal durchfährt es mich: Das ist doch Kevin! War er natürlich nicht. Nie.

Ich kaufe auf jeden Fall Geschenke für die Kids. Nach Weihnachten melde ich mich bei Staffelt. Feiern wir eben nach, nächstes Jahr.

24.12.

Den Tag vergesse ich mein Leben nicht. Der schönste, den ich seit Ewigkeiten erlebt habe.

Sind schon um neun aufgestanden, obwohl wir das Pola schon gestern geholt hatten. Frühstück ganz schnell, dann mit Weihnachten angefangen.

Haben mit einer Schablone und weißem Schaum Sterne auf die beiden Wohnzimmerfenster gesprüht. Der erste ist mir abgerutscht, hat ausgesehen wie eine zermatschte Kartoffel. Christian, der alte Motzer, nölt gleich los. Ich habe zurückgemault, und einen Moment lang gedacht, jetzt können wir uns den Rest schenken. Aber er hat sich eingekriegt, sogar entschuldigt. Die nächsten Sterne haben geklappt, er hat die Schablone gehalten, ich habe gesprüht, wir haben einen nach dem andern hingezaubert, richtige weiße Weihnacht am Fenster.

Dann sind wir an den Tannenbaum. Hatten eine Fichte für 20 Mark von vorne an der Ecke. Sogar einen Ständer dafür. Kann man jedes Jahr brauchen. Der Baum hing ein bißchen schief und wacklig drin, aber was macht das?

Durch die Zweige haben wir eine Lichterkette gezogen, rote und weiße Kerzen. Zehn rote Kugeln dazwischen, Kügelchen eher, und ganz obendrauf eine goldene Spitze. Und nichts zerdeppert beim Aufbauen! Dann ein paar Streifen silbernes Lametta. Probeweise haben wir das Licht ausgeknipst und die Kerzen an – schön.

War erst Nachmittag. Sind nochmal ins Bett und haben Liebe gemacht. Kurz, weil ich in die Küche mußte. Habe dauernd das Gefühl gehabt, die Zeit wird knapp.

Ich habe Ewigkeiten nicht mehr richtig gekocht. Wir hatten vorgestern einen kleinen Puter gekauft. Der war inzwischen aufgetaut. Habe Salz und Pfeffer drauf, zwei Ecken Palmin in einen Topf, den Vogel rein und in den

Ofen. 200 Grad, das habe ich noch gewußt. Ab und zu ist Christian aufgetaucht: »Schatz, Schatz, es riecht ja richtig gut!« Habe ihn wieder rausgescheucht: »Verzieh dich, sonst brennt das an. Kannst du gucken, wo du heute abend noch 'ne Currywurst herkriegst.«

Nebenbei habe ich die Soße gekocht. Tüte von Maggi. Dicke dunkle Soße mit Pilzen drin. Haben die Kinder am liebsten gegessen.

Christian hat den Tisch im Wohnzimmer gedeckt. Sogar Servietten hatten wir gekauft, und irgendeinen Rotwein. Ich habe die Gläser mit den Kartoffeln und dem Rotkohl aufgemacht. Den Rotkohl in einen Topf, die Kartoffeln einfach zur Pute. Dann war alles fertig. Pute, Kartoffeln, Rotkohl und Soße. Spitzenmenü.

Die Pute haben wir zusammen auseinandergenommen. Ich habe den Topf festgehalten, Christian hat mit dem Brotmesser am Braten rumgesäbelt. Was eine Aktion, bis er ein paar Stücke ab hatte! Ein Schenkel ist ihm weggerutscht und ins Fett geplatscht. Ein paar Flecken auf dem Tischtuch und ein paar Spritzer auf meinem Pulli. Hat losgeflucht, daß ich dachte, gleich fliegt das Essen in den Garten. »Komm, Schatz, das reicht erstmal«, habe ich ihn beruhigt. »Wenn wir mehr brauchen, schneiden wir das nachher ab.« Hat die Kurve gekriegt.

Am Knochen war das Fleisch noch nicht gar. Aber sonst weich genug, und die Haut super-knusprig.

Wir haben uns zugeprostet: »Frohe Weihnachten, Schatz. Guten Appetit.« Habe keinen Bissen runtergekriegt, bevor ich nicht wußte, ob es Christian schmeckt. Er hat ein bißchen rumgekaut. Dann die Augen verdreht: »Das ist ja super-super-gut! So was stellst du in Zukunft jeden Abend auf den Tisch.« Ich habe mich über den Tisch gebeugt und ihm einen Kuß gegeben. »Das geht nicht, Schatz. Du wirst zu fett!« Wenn er rumgezickt hätte, hätte ich ihn ermordet.

Wir haben gegessen und getrunken. Der Wein war mir nicht süß genug. Die Lichter am Baum haben gebrannt, die Sterne auf dem Fenster geschimmert, fast wie richtiger Schnee. Wunderbar. Fast schöner noch wie früher, weil Christian da war. Aber auch nicht ganz so schön wie früher, weil die Kinder nicht da waren.

Christian hat das Geschirr in die Küche getragen.

Ich habe das Licht ausgemacht, eine Kerze angezündet und im Radio Weihnachtslieder gesucht. Ist nicht schwierig an diesem Abend. Dann das Päckchen für Christian auf den Tisch gelegt. »Jetzt ist Bescherung«, habe ich gesagt, als er wieder reinkam.

»He, wo kommt das denn her?« guckt er mich groß an. Wir hatten beschlossen: keine Geschenke. Aber ich mußte einfach. Im Alsterhaus auf dem Weg zum Klo habe ich in der Schmuckabteilung eingekauft. Von Geld vom Betteln, das ich extra zurückgelegt hatte.

Vorsichtig hat er ausgewickelt. Dann solche Augen! »Schatz, das kannst du nicht machen! Die Dinger sind teuer wie sonstwas! Das ist ein Wahnsinnsapparat!« Stimmt schon. Ein Chronograph. Ein schwerer silberner Klotz mit einem hellbraunen Lederarmband. Bis 100 Meter tief kann er damit tauchen. Falls er mal will. Eine Stoppuhr ist auch drin. Und noch ein paar andere Zifferblätter, von denen man nicht weiß, wozu sie gut sind. Sah toll aus, als er sie angeschnallt hat. Ein toller Mann!

»Ich liebe dich«, hat er gesagt. »Weißt du, daß das das schönste Weihnachten meines Lebens ist? Einen solchen Aufwand hat noch nie jemand für mich veranstaltet. Meine Mutter schon gar nicht.«

Haben uns aufs Sofa gehockt und eine Pfeife Hasch geraucht. Ich mit einem Kloß im Hals. »Was Kevi und die Mädchen wohl machen?«

»Wahrscheinlich haben die genausoviel Sehnsucht nach

uns wie wir nach ihnen.« Ihre Geschenke hatten wir einfach unter unseren Weihnachtsbaum gestellt. Den Truck für Kevin, mit allen Einzelheiten nachgebaut. Einen Teddy dazu. Und für Lena elegantes Schminkzeug. Dazu jede Menge Zimtsterne und Spekulatius und Marzipankartoffeln und Schokoweihnachtsmänner und was alles dazugehört.

Auf einmal hatte ich Riesenhaß auf Theo und Susi. Die feierten Weihnachten mit meinen Kindern. Und ich? Habe geheult vor Wut. Christian hat mich umarmt und getröstet: »Mach dich nicht verrückt, Schatz. Nächstes Jahr gehen wir das mit voller Kraft an. Nächstes Weihnachten feiern wir wieder hier. Alle zusammen.«

31.12.

Gleich ist es soweit. Wir holen den Henkell aus dem Kühlschrank, die Glocken läuten und wir zünden dieses bescheuerte Tischfeuerwerk an. In fünf Minuten fängt das neue Jahr an. 1996.

Glaube, in diesem Jahr wird alles besser.

Muß.

Weiß nicht, wie oft man von vorn anfangen kann.

Worterklärungen

abziehen	berauben
AEZ	Alstertal-Einkaufszentrum
Affe schieben, *affig sein*	an Entzugserscheinungen leiden
AK St. Georg	Allgemeines Krankenhaus St. Georg
Asco	Ascorbinsäure
ausschleichen	Polamidon schrittweise entziehen
Bei-Konsum	Rauschmittel, die substituierte Drogenabhängige zusätzlich zum Drogenersatz konsumieren. Bei-Konsum ist im Urin feststellbar.
Crack	synthetische Droge
Drob Inn	Beratungsstelle für Drogenabhängige in Hamburg St. Georg
Captagon	Aufputschmittel
Dope	Rauschgift

Drob-Bus	Bus, an dem Drogenabhängige benutzte Spritzen tauschen können
Drücken	Rauschgift spritzen
eingestellt	auf die richtige Dosis gesetzt
Fluinop	Schlafmittel
Gift	Heroin
H	Heroin
Haloperidol	Beruhigungsmittel
Hinz & Kunzt	Hamburger Obdachlosenzeitung
HVV	Hamburger Verkehrsverbund
Koks	Kokain
Mandrax	Schlafmittel
Manitol	Baby-Abführmittel
Medinol	Schlafmittel
Meter Pola	Milligramm Polamidon
Nase ziehen	Rauschgift schnupfen
Nottkestraße	Übernachtungsstelle für obdachlose Frauen

NOX	Übernachtungs- und Beratungsstätte für Drogenabhängige
O	Opium
ofW	ohne festen Wohnsitz
Pik-As	Übernachtungsstelle für obdachlose Männer
Planten un Bloomen	Park in der Hamburger Innenstadt
Pola, Polamidon	Heroin-Ersatzstoff
Pumpe	Spritze
Rosch	Roypnol, Schlafmittel
SAGA	Siedlungs-Aktiengesellschaft Hamburg Gemeinnützige Wohnungsbaugesellschaft
Schore	Heroin
Strychnin	Rattengift
Valium	Beruhigungsmittel
Vesparax	Schlafmittel
Zehntel	Zehntel Gramm Heroin

Mara Mayer-Hofer

Erfahrungen

Immer wenn du meinst, es geht nicht mehr...

Mara lebt mit ihrer Mutter und ihrem Sohn in Frieden und Wohlstand, aber es fehlt ein Vater für Alexander. Da begegnet ihr Bernd, ein unwiderstehlicher Verführer, der sich bald als rücksichtsloser Ausbeuter entpuppt. Ein unaufhaltsamer gesellschaftlicher Abstieg beginnt, der Maras Leben völlig zu zerstören droht ...

BASTEI LÜBBE

Band 61337

Mara Mayer-Hofer

Immer wenn du meinst, es geht nicht mehr ...

In bürgerlich-gutsituiertem Millieu geboren, erlebt Mara eine unbeschwerte Kindheit. Mit 21 Jahren bekommt sie ein uneheliches Kind und lebt nach dem Tod ihres Vaters mit Alexander, ihrem Sohn, und ihrer Mutter zusammen. Als sie den überaus charmanten, gutaussehenden Bernd kennenlernt, verliebt sie sich Hals über Kopf in ihn.

Aber bald merkt Mara, daß er weder geschäftlich noch in der Liebe seriös ist. Er beutet sie emotional aus und bringt sie um ihr gesamtes Vermögen. Aber damit nicht genug: Er bedrängt Mara auch weiterhin, bringt sie immer wieder in Zwangslagen. Der soziale Abstieg erfolgt Stück für Stück. Mara und ihre kleine Familie haben keine Chance mehr auf eine bürgerliche Existenz, ein Teufelskreis der Verelendung setzt ein, eine Demütigung folgt auf die andere. Und Bernd, mittlerweile zum Politiker avanciert, hat immer seine Finger im Spiel...

BASTEI LÜBBE

Barbara Samson

Erfahrungen

Wenn die erste Liebe tötet

Barbara ist blutjung, als sie sich in Antony
verliebt. Für sie ist er der Mann ihres
Lebens. Sie schläft mit ihm, ohne zu wissen,
daß er AIDS hat...

**BASTEI
LÜBBE**

Band 61357

Barbara Samson

**Wenn die erste
Liebe tötet**

In ihrer trostlosen Welt voller psychischer Probleme und
Schwierigkeiten mit den Eltern träumt die 17jährige Barbara von
der großen Liebe. Als sie in einem Sanatorium den 28jährigen
Antony kennenlernt, glaubt sie, den Mann ihres Lebens gefunden zu haben. Sie ist zu allem bereit, vergißt jede Vorsicht und
schläft mit ihm - ohne zu wissen, daß er seit zwei Jahren mit Aids
infiziert ist. Erst nachdem Antony aus der Klinik gewiesen wurde,
erfährt sie von der tödlichen Gefahr, der sie ausgesetzt ist.
Wütend und enttäuscht reist sie ihm nach, um ihn zur Rede zu
stellen. Doch Antony, der wieder in die Drogenszene abgerutscht ist, verharmlost die Situation. Blind vor Liebe läßt
Barbara sich auf ein Leben zwischen Droge und Beschaffungs-
kriminalität ein. Erst als sie erfährt, daß sie sich mit dem Aids-
Virus infiziert hat, ändert sich ihr Leben...

**BASTEI
LÜBBE**